ChatGPTといっしょに、パワポスライドを「超時短」で仕上げてみた。

ヒト×AIでつくる未来のプレゼン

しらき@パワポ図解 白木久弥子 著

エムディエヌコーポレーション

はじめに

AIの力でプレゼン力を磨いて「ビジュアルコミュニケーション」を加速させよう

これまでのビジネスでは、電話やメール、チャットツールのような音声や文字でのやり取りが主流でした。また学校などの教育現場でも、教科書やプリントを使った授業が行われてきました。
しかしインターネット環境が整備され、スマートフォンやタブレットが当たり前になった現在では、より多くの情報を扱えるようになっています。コロナ禍をきっかけにWeb会議が浸透しましたが、これからの社会ではVRやメタバース、さらにAIの発展により、視覚や映像によるコミュニケーションが加速していくでしょう。

生まれたときからYouTubeやTikTokなどの動画SNSが身近に存在し、日常的に写真や動画を用いて自己表現する若者世代にとっては、文字だけでなく、ビジュアルを多用した資料が当たり前になっていくかもしれません。
世の中には勉強が苦手で、就職しても長続きしなかったけれど、経営者やクリエイターとして活躍している人がたくさんいます。私も、小さい頃から言葉や文字によるコミュニケーションが苦手で、学校での成績もふるいませんでした。しかし、得意だった数学と美術を活かして、公認会計士や経営者として“プレゼン力”を磨き、現在ではデザイン経営のコンサルタントとして活動しています。

PowerPointなどのプレゼンテーションソフトは、ビジュアルコミュニケーションのツールであり、イメージや図解を用いることで文字だけでは表現できない、たくさんの情報を伝えることができます。最近では、プレゼン動画により驚くような視覚表現を作ることも可能になりました。

この本は、私がこれまでのキャリアで得た経験をもとに作り上げたプレゼンのノウハウをすべて詰め込んでいます。環境変化の激しいこれからの時代には、効果的な構成を設計し、美しいデザインで人々を魅了する、実践的なプレゼンテーションスキルの必要性が増していくでしょう。みなさんがAIのような新しい技術を味方にして、仕事や人生のゴールを達成していくための一助になれば幸いです。

2023年7月
白木久弥子

Contents

Chapter 2

Part 2 AIとプレゼンをつくろう

Part 3 私たちはどこを目指すべきか

本書のダウンロードデータ

本書の解説（Chapter3・4）と巻末付録に収録しているPowerPointファイルなどは、下記のURLからダウンロードしていただけます。

ダウンロードURL

https://books.mdn.co.jp/down/3223303020/

数字（3223303020の部分）

【注意事項】

- 弊社Webサイトからダウンロードできるサンプルデータは、本書の解説内容をご理解いただくために、ご自身で試される場合にのみ使用できる参照用データです。その他の用途での使用や配布などは一切できませんので、あらかじめご了承ください。
- 弊社Webサイトからダウンロードできるサンプルデータの著作権は、それぞれの制作者に帰属します。
- 弊社Webサイトからダウンロードできるサンプルデータを実行した結果については、著者および株式会社エムディエヌコーポレーションは一切の責任を負いかねます。お客様の責任においてご利用ください。
- 本書に掲載されているPowerPointのスライド画面は、紙面掲載用として加工していることがあります。ダウンロードしたサンプルデータとは異なる場合がありますので、あらかじめご了承ください。
- スライド内で使用されている一部の画像（写真、イラストなど）は、ダウンロードデータに含まれておりません。あらかじめご了承ください。

※本書に掲載しているPowerPointの操作方法は、Microsoft 365のPowerPointをWindowsで使用した場合を基本に解説しています。

※本書に掲載しているChatGPTの操作方法や出力結果については、2023年7月現在の情報をもとに解説しています。

※本書に掲載しているChatGPTの出力結果は、改行位置などを紙面掲載用として加工しています。また、ChatGPTの出力結果については、著者の入力したプロンプトに基づいた出力結果を掲載していますが、ChatGPTの仕様により、同じ内容のプロンプトを入力しても、同様の出力結果になるとは限りませんので、あらかじめご了承ください。

※本書は2023年7月現在の情報を元に執筆されたものです。これ以降の仕様等の変更によっては、記載された内容（技術情報、固有名詞、URL、参考書籍など）と事実が異なる場合があります。

Introduction

AIの進化とデザイン思考

ChatGPTに至るまでのAIの進化の過程を簡単に振り返りながら、
AIをビジネスの中で活用していく上での注意点を解説します。
AI時代に重要性を増すデザイン思考との結び付きについても見ていきましょう。

01 AIの歴史とChatGPTの出現

人工知能チャットボット「ChatGPT」の登場によって、これまでアニメや映画などのフィクションで描かれてきたような未来が現実味を増してきました。

フィクションの世界が現実に

みなさんは、資料作成するときにAIを利用していますか? ロボットが資料作成の準備をしてくれたり、いっしょにプレゼンの内容を考えてくれたりするなんて、これまで「ドラえもん」などで描かれる未来の話でした。しかし、2022年11月に「ChatGPT 3.5」(以下、GPT-3.5)がリリースされてから、**わずか2ヶ月でユーザー数1億人を突破**し、今では世界中の人々がAIを使って仕事をするようになりました。

私も以前は「ヒトが考えたほうが、良い資料を作ることができるに決まっている」と考えていましたが、2023年3月にリリースされた「GPT-4」を使うようになってから考えが大きく変わり、**もはやAIのない環境では仕事ができないような状況になっています**。これまでもチャットボットなどは存在していたのに、「ChatGPT」の出現が世の中にこれほど大きなインパクトを与え、AIが生活に急速に浸透したのは、なぜでしょうか。

AIの歴史

AI(人工知能:Artificial Intelligence)という造語は、1956年のダートマス会議でコンピューター科学者のジョン・マッカーシーによって初めて使われました。AIの歴史は1950年ごろからはじまり、最初は学術領域での研究が主でしたが、大量のデータと高度な計算能力が利用可能になったことで、急速に進化しています。

ディープラーニング

2016年にDeepMind社の「AlphaGo」というマシンが囲碁の世界チャンピオンに勝利して、話題になったことを覚えている方も多いかもしれません。このマシンは、ディープラーニング(深層学習:大量のデータセットでみずからを訓練する技術)で作られました。ディープラーニングの技術は、人間の神経細胞(ニューロン)の仕組みを模したニューラルネットワークのシステムをベースにしています。

ディープラーニングの理論は1980年代に発明されましたが、その効果を実証できる「コ

Introduction

ンピューターの処理能力」と「大量の訓練データ」が揃ったことで、近年になって自動運転や医療機器をはじめとする、様々な分野に活用されるようになっています。

ChatGPTの出現

「ChatGPT」は、アメリカのAI開発会社、OpenAIによって公開されたAIチャットボットです。このGPTという名前は、OpenAIが開発している文章生成言語モデル「Generative Pre-trained Transformer」の頭文字からきています。このような大量のテキストデータを使ってトレーニングされた自然言語処理モデルのことを大規模言語モデル（LLM:Large Language Models）とも呼びます。

OpenAIからは「ChatGPT」を発表する前に「GPT-3」と呼ばれるAIモデルのAPI（開発者向けツール）が提供されていましたが、これを改良した「ChatGPT（GPT-3.5）」というサービスがリリースされたことで、一般ユーザーがチャットの形で直接使えるようになりました。これによりAIがより身近なものとして私たちの生活に浸透しはじめました。

これまでのAIとGPTの違い

GPTとこれまでのチャットボットとの違いは、AIが「**新たな答えを生成できる**」点にあります。これまでのチャットボットは「この質問にはこう答える」というルールが設定された、比較的単純なものでした。一方、GPTはLLMとして、インターネット上にある大量のデータを既に学習済であるため、そのデータをもとに質問に合わせた最適な答えを新しく作り出すことができます。

このように、GPTは大量のテキストデータからパターンを学び、それを新しい状況に適用することで、**情報抽出、文脈理解、文章のチェック、翻訳、分類、文章生成**など、多くのタスクをこなすことができます。

GPT-4が突破した壁

2023年3月14日には、ChatGPTサービスの最新モデルである「ChatGPT 4」（以下、GPT-4）がリリースされ、月額課金サービス「ChatGPT Plus」を契約しているユーザーが利用できるようになりました。「GPT-4」は、「GPT-3.5」よりも高度な表現力を持ち、より大規模なデータセットを利用して学習することができるため、以下のような特徴があります。

①会話型UIの実現

「GPT-4」は、より自然な会話型UIを実現しており、**ユーザーは自然言語を使ってAIと対話**し、情報を取得したり、タスクを実行したりすることができます。おもしろい使い方としては「関西人のように」や「アナウンサーのように」と指定することで、口調やスタイルを指定することも可能です。

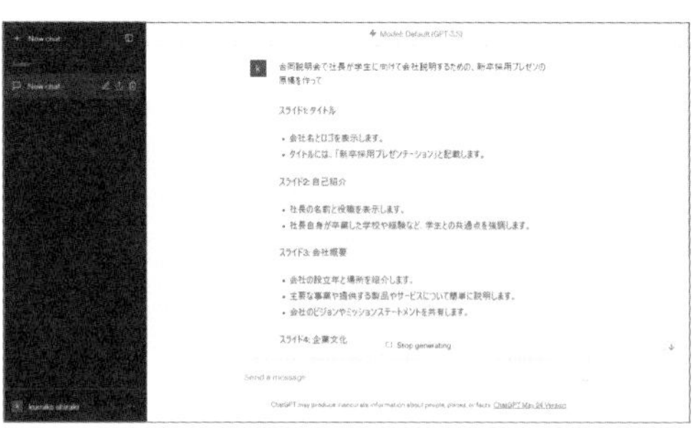

図1 GPT-3.5（左）とGPT-4（右）の出力結果

②複雑な文脈の理解

簡単な会話では「GPT-3.5」と「GPT-4」の違いはそこまで大きくありませんが、複雑な内容になると出力結果が大きく異なります 図1 。「GPT-4」では、以前の会話の文脈を理解し、それを新しい応答に適用できるようになりました。

また、人間向けの様々な試験を受けた結果、「GPT-3.5」よりも「GPT-4」のほうが、得点が高くなる傾向にあります。例えば、アメリカの司法試験において、「GPT-3.5」では受験者の下位10%のスコアしかとれませんでしたが、「GPT-4」では、上位10%のスコアで合格水準に達しました。

③多言語の理解

「GPT-3.5」では、英語への対応精度が最も高く、日本語などその他の言語については回答が不自然で、内容が薄いといわれていました。しかし、「GPT-4」は、多くの異なる言語を理解し、それらを相互に翻訳する能力を向上させています。このことにより、AIがユニバーサルな言語モデルとして機能し、全世界の人々とのコミュニケーションを容易にすることが期待されています。また、英語や日本語などの一般的な言語をプログラミング言語に変換できるため、プログラミングスキルのない人が、アプリなどを開発することも可能になりました。

④マルチモーダル対応

「GPT-3.5」と「GPT-4」の大きな違いとして、「GPT-4」はテキストだけでなく、**画像や音声などでの入力が可能になった**ことが挙げられます。このように、複数種類のデータを組合せて処理できる単一のAIモデルのことを「マルチモーダルAI」といいます。

AIが人間のように多様な情報源から情報を抽出し、それを統合して理解する能力を向上させたことで、今後人間のような対話を提供し、さらに広範なタスクを効果的に処理することが期待されています（2023年5月、ChatGPTのiOSアプリがリリースされ、iOSアプリでは音声入力が可能になりました）。

02 プロンプトエンジニアリングとAIリテラシー

ChatGPTなどのAIを使いこなすためには、質問文を作る力（プロンプト力）を高める必要があります。プロンプト力の高め方について見ていきます。

重要視されるプロンプトエンジニアリング

プロンプトエンジニアリングは、AIやチャットボットなどの自然言語処理（NLP:Natural Language Processing）システムに対する質問文（プロンプト）を設計するプロセスを指します。効果的なプロンプトは、AIがユーザーの要求に対して**最も適切で有益な応答を生成するために不可欠**であり、AIを用いたユーザー体験を最適化するために、プロンプトエンジニアリングの重要性が高まっています。

自然言語とは、英語や日本語のように、人間がコミュニケーションをとるために日常的に使う言葉のことをいいます。一方、人工言語とはプログラミング言語、マークアップ言語、数式などのような、人為的に作られた言語のことをいいます。

自然言語処理とは、大量の自然言語によるテキストデータをAIが分析する技術のことです。Googleの「Bard」やGPTのような汎用言語モデルでは、一般的な文章に対して単語や文を処理する汎用的なモデルを用意して、このモデルを各タスクに合わせてチューニングしています。

効果的な質問文（プロンプト）の作り方

プロンプトエンジニアリングでは、通常「①問い→②条件→③応対」の流れで質問を考えます。

①問い：AIに対して具体的なタスクを依頼するための質問または指示

②条件：AIの行動や応答の範囲を指定するためのパラメーターまたは制約条件

③応対：より良いアウトプットを出すためのAIに対する追加質問

この流れに沿って、ChatGPTに入力する質問文を作りましょう。ここで、うまくAIを使いこなすためには、次のことに注意して質問文を作る必要があります。

①求める答えを引き出す「問い」の作り方

・不要な情報を捨てて簡潔明瞭な問いを作る

上手に質問文を作るためには、特定の目的に対して最も関連する情報を提供するように設計します。**具体的で簡潔な「問い」を作る**ことで、AIモデルがより正確な結果を提供する可能性を高めることができます。また、複雑な質問よりも単純な質問のほうが、AIモデルが理解しやすくなるため、不要な情報は削ってシンプルでわかりやすい「問い」を作りましょう。

・自然言語を正しく使用する

自然言語処理（NLP）のモデルは、自然言語に基づいて訓練されます。したがって、**明確で文法的に正しい言語を使用**することで、AIモデルをより効率的に動作させることができます。誤った文法や曖昧な表現を使うと、AIモデルが質問の意図を理解するのが難しくなる可能性があります。

②より正確な答えに近づく「条件」設定方法

・定義や詳細な条件を指定する

AIに特定のタイプの回答を求めている場合、その状況を明示すると役立ちます。例えば、あなたがプロのプレゼンクリエイターの観点からの答えを求めたい場合、冒頭に「あなたはプロのプレゼンクリエイターです」と**明確に指定すると、モデルはそれに応じた回答を提供**します。また、具体的で詳細な条件を指定することも有効です。

プレゼン構成について条件を指定する場合は、「プレゼンのタイトルは○○」「聴衆のペルソナは○○」「スライド枚数は○枚」などと、詳細情報を指定することで、条件に合った回答を生成することができます。

・例文やテンプレを使用する

特定の種類の情報を求めている場合、例文やテンプレートを使用すると効果的です。これにより、モデルはより具体的な背景（コンテキスト）を理解し、求められている回答を提供しやすくなります。ある特定の形式で答えてほしい場合、その形式の例を提供するとよいでしょう。

③答えをカスタマイズする「応対」の作り方

・応対により、試行錯誤を繰り返す

最初の質問で「問い＋条件」を入力してもモデルが完全な答えを提供しない場合があります。**質問内容を修正したり、新たな質問をしたりする**など、追加の質問をし続けることで期待する回答を得られる確率が高まります。

・複数回に分けて質問する

また、質問が複雑すぎる場合や含まれる情報が多すぎる場合は、**質問文を複数のシンプルな質問に分割する**ことを最初から考えましょう。これにより、各質問に対する明確な回答を得ることが可能になります。質問文を複数回入力する場合は、人間同士のコミュニケーションと同様に、質問の表現や順序が結果に影響を及ぼす点に気をつけます。例えば、一連の質問をする場合、**論理的な順序を考えて質問すること**で、より深い議論や詳細情報を得やすくなります。

プロンプト例はAIが教えてくれる

では、具体的にどのようなプロンプトの例があるか、よく使われる項目を入力して、GPT-4に聞いてみましょう。

下記項目について、具体的なプロンプトの例をそれぞれ教えてください

①問い
1. 文章生成
2. 要約・分析
3. 翻訳・添削
4. プログラミング

②条件
1. 内容の設定
2. 表現の設定

③応対
1. 質問の追加
2. 質問の修正

各項目に対する具体的なプロンプトの例を以下に示します。

①問い
1. 文章生成：
・プロンプト：「未来のスマートシティについての500語のエッセイを書いてください。」
2. 要約・分析：
・プロンプト：「『ワーキング・メモリのキャパシティについての最新の調査結果』についての要約を作成してください。」

☞次ページ続く

3. 翻訳・添削：

・プロンプト：「次の英語の文を日本語に翻訳してください： "Artificial Intelligence is revolutionizing various sectors of our society."」

・プロンプト：「以下の文章を校正してください："I has gone to the store yesterday."」

4. プログラミング：

・プロンプト：「Pythonでフィボナッチ数列を計算する関数を作成してください。」

②条件

1. 内容の設定：

・プロンプト：「仮に火星に人類が植民地を作るとしたら、それはどのような形になるでしょうか？科学的根拠に基づいた答えを提供してください。」

2. 表現の設定：

・プロンプト：「次の物語を、幼児向けの語り口調で再構成してください："A robot named Charlie was created to help humans with their daily tasks."」

③応対

1. 質問の追加：

・プロンプト：「上述のエッセイを基に、スマートシティが都市計画にどのような影響を及ぼすかについて説明してください。」

2. 質問の修正：

・プロンプト：「『ワーキング・メモリのキャパシティについての最新の調査結果』についての要約を作成してください。」

・応答が十分でない場合の修正：「『ワーキング・メモリのキャパシティについての最新の調査結果』についての要約を作成してください。特に、その結果が教育環境にどのような影響を与えるかに注目してください。」

※GPT-4より出力

上記の内容をあっという間に出力することができました。プロンプト例の中に、少し内容が難しいものも含まれているので、もう少し身近な「プレゼン制作する場面」に合わせて内容を修正してもらいましょう。
次のように、追加質問を入力してみます。

プレゼン制作をする場面における、具体的なプロンプトの例に書き換えてください。

①問い

1. 文章生成：

・プロンプト：「スマートシティに関する5分間のプレゼンテーションスクリプトを書いてください。」

2. 要約・分析：

・プロンプト：「『スマートシティの実現に向けた最新の技術動向』についての報告を、プレゼンテーションスライド用に要約してください。」

3. 翻訳・添削：

・プロンプト：「次の英語のプレゼンテーションスライドを日本語に翻訳してください: "The Impact of Smart Cities on Urban Development."」

・プロンプト：「以下のプレゼンテーションスクリプトを校正してください："The implementation of smart city is drastically improving the lifes of the citizens."」

4. プログラミング：

プロンプト：「スマートシティの発展状況を視覚的に表示するためのPythonコードを提供してください。」

②条件

1. 内容の設定：

・プロンプト：「仮に我々がスマートシティを実現するとしたら、都市計画にどのような影響を及ぼすでしょうか？科学的根拠に基づいた説明をプレゼンテーション用に作成してください。」

2. 表現の設定：

・プロンプト：「次のスマートシティの概念説明を、一般の人々にも理解しやすいようにプレゼンテーション向けに再構成してください："A smart city is a framework, predominantly composed of Information and Communication Technologies (ICT), to develop, deploy and promote sustainable development practices to address growing urbanization challenges."」

③応対

1. 質問の追加：

・プロンプト：「先程のスマートシティに関するプレゼンテーションを基に、観客からの質問に対する回答を準備してください。例えば、"スマートシティはどのようにエネルギー消費を削減するのですか？"」

2. 質問の修正：

・プロンプト：「『スマートシティの実現に向けた最新の技術動向』についての報告を、プレゼンテーションスライド用に要約してください。」

・応答が十分でない場合の修正：「『スマートシティの実現に

※GPT-4より出力

前ページのように、出力内容が途中で途切れてしまったときには、「続き」と打つことで、続きを出力することができます。英文の場合は「Continue」などと打てばOKです。

（編集注：前回の出力からの続き）向けた最新の技術動向』についての報告を、プレゼンテーションスライド用に要約してください。特に、AIやIoTが都市の持続可能性にどのように貢献するかに注目してください。」

これらの具体的なプロンプトの例を通じて、ChatGPTを利用してプレゼンテーションの制作を補助する方法が理解いただければ幸いです。

※GPT-4より出力

とりあえず質問してみよう

ここまでいろいろと説明してきましたが、大事なことはあまり難しく考えすぎず、とにかくAIを使ってみることです。質問した結果をもとに分析・改善を繰り返すことが、質問力（プロンプト力）向上の一番の近道になります。ぜひ、自分の関心のある分野についてAIを積極的に利用して、経験と実践を積みながら質問力を磨いていきましょう。

AIを使う際の注意点

ChatGPTをはじめとするAIは便利なツールですが、使う際には注意が必要です。ここではその注意点を述べていきます。

MBA授業のAIガイドライン

ChatGPTをいち早くMBAの授業で全面導入した、ペンシルバニア大学ウォートン・スクールのイーサン・マリック教授は次のように述べています。

「AIで書かれた優れた素材を作成することは、実際には簡単なことではありません。AIに意味のあるコンテンツを作成させるには、**トピックの専門知識とスキルの両方が必要です。**」

そして、授業内でAIを使用する際のルールを以下のように定めています。

・工夫のないプロンプト入力をしてしまうと、質の低い出力結果しか得られません。良い結果を得るにはプロンプトを改善する必要がありますが、これには手間がかかります。
・出力結果について何も信用しないでください。数値や事実が示されている場合は、答えを知っているか他のソースで確認できるもの以外は正確な回答ではありません。AIツールのエラーや情報不足については、出力者が責任を負います。出力者が理解しているトピックについて出力するのが最適です。
・AIはツールですが、使用していることを認める必要があります。AIを使用する課題の最後には、AIの使用目的と入力プロンプトについての説明文を記載してください。この記載がない場合は学問的誠実性ポリシーに違反していることになります。
・AIツールが役立つ場面をよく考えてください。ケースや状況が使用に適していない場合には使用しないようにしましょう。

※出典：Mollick, Ethan. 2023. "My class AI policy" In All my classes suddenly became AI classes. https://www.oneusefulthing.org/p/all-my-classes-suddenly-became-ai
上記をもとに、筆者が翻訳しました。

実務でAIを使う際に気をつけるべきこと

私たちがAIを使う際も、次の4つのルールを守ることで、作業効率の向上、情報の質の改善、チーム力の向上、リスクの低減などの効

図1 AIを使う際のルール
ETHAN MOLLICK『All my classes suddenly became AI classes』(2023/01/18)をもとに筆者が作成
https://www.oneusefulthing.org/p/all-my-classes-suddenly-became-ai

果を得ることができます 図1 。

・常にプロンプトを工夫・改善する

既に述べてきたように、AIの性能は大きくプロンプトに依存します。プロンプトを工夫・改善して、より適切で有益な情報を得るだけでなく、AIがどのように質問に対応するかを理解しましょう。これにより作業効率が大幅に改善され、無駄なタスクや情報検索に費やす時間を減らし、より付加価値の高い作業に時間とエネルギーを集中できます。

・情報の信頼性を他のソースで確認する

AIは有用な情報を提供することができますが、必ずしも正確または最新の情報であるとは限りません。したがって、特に重要な決定をする際には、AIが提供した情報の信頼性を他の情報源で確認することが大切になります。これにより誤情報に基づいて決定を誤るリスクを低減しましょう。

・AIの使用目的とプロンプトを明記する

AIの使用目的とプロンプトを明記することで、他のチームメンバーや利害関係者がAIの使用目的とその結果を理解しやすくなります。特に大きなプロジェクトやチームで作業する際には、チーム内で共通理解を持つことで、チームワークを活かして作業することが大切になります。

・AIツールは適切な場面でのみ使用する

AIは多くのタスクで有用ですが、すべての場面で最適な解決策を提供するわけではありません。特定のタスクや問題に対しては、人間の専門知識や直感を使ったほうが、優れた結果をもたらすこともあります。また、個人情報や高度に機密性のあるデータを扱う場面では、AIの使用はリスクを伴う可能性があります。AIを適切な場面で使用することで、AIの強みを最大限に活用し、リスクを最小限に抑えることができます。

04 AI時代に重要となるデザイン思考

AIの活用が当たり前になるこれからの時代には、AIとヒトが互いの得意分野を生かして連携するためにデザイン思考の重要性が増していきます。

デザイン思考とは何か

デザイン思考とは、人間中心のアプローチを用いて問題解決を試みる思考フレームワークです。**新しい視点で問題に取り組み、革新的な解決策を見つける**ことを目指します。デザイン思考のフレームワークにはいくつかの種類ありますが、有名なものにはスタンフォード大学d.schoolが提唱する「5つのデザイン思考プロセス」や、イギリスの公的機関であるデザインカウンシルが提案する「ダブルダイヤモンド」あります。

デザイン思考の5ステップ

ここでは、「5つのデザイン思考プロセス」を紹介します。これは、以下の5ステップでデザイン思考を実践するものです 図1 。

①共感（Empathize）

ユーザーといっしょに体験したり、インタ

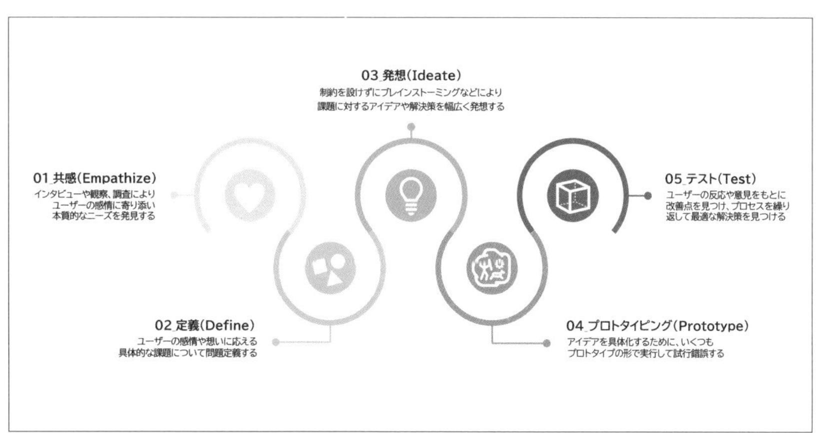

図1 デザイン思考の5つのステップ

ビューや観察、調査を行ったりすることで、ユーザーの感情に寄り添い、本質的なニーズを発見します。

②定義（Define）

共感のステップで感じ取ったユーザーの感情や想いに応え、具体的な課題について問題定義します。

③発想（Ideate）

定義のステップで設定した問題の解決策を考えます。ここでは制約を設けずにブレインストーミングなどにより、課題に対するアイデアや解決策を幅広く発想していきます。

④プロトタイピング（Prototype）

発想のステップで選択したアイデアを具体化するために、プロトタイプを作成します。アイデアは無理に一つにまとめる必要はなく、いくつもプロトタイプの形で試行錯誤しながら実行していきます。

⑤テスト（Test）

プロトタイプを試して得たユーザーの反応や意見をもとに改善点を見つけ出し、プロセスを繰り返して最適な解決策を見つけます。

デザイン思考にAIを活かす

AI技術の進化により、大量のデータを迅速に処理し、複雑な問題を解決することができるようになりました。しかし、**AIにはまだ、人間の感情やニーズを理解することは難しい**といわれています。AI時代においてデザイン思考が重要となる理由は、以下のようなものが挙げられます。

・人間中心のアプローチ

デザイン思考は人間中心のアプローチを重視します。AIには大量のデータを処理する能力がありますが、それがどのように**人間の生活やビジネスに影響を与えるか**を理解するには、人間の視点が必要です。デザイン思考は、この**人間の視点を提供する**ことができます。

・創造的な問題解決

AIは予測や最適化などのタスクに優れていますが、**創造的な解決策を提供する能力には限りがあります**。デザイン思考は、複雑な問題に対する創造的な解決策を開発するためのフレームワークを提供することができます。

・ヒトとAIとの連携

デザイン思考により、**ヒトとAIがより効果的に連携するための道筋を示す**ことができます。これは、ヒトの能力とAIの能力を最適に組み合わせることにより、より良い結果を達成するために重要になります。

ヒトとAIが連携して実践するには

ヒトとAIが連携して、5つのデザイン思考プロセスを実践するためには、**デザイン思考におけるAIの得意分野と苦手分野**をヒトが把握しておく必要があります。

・AIの得意分野

AIは特に、データを分析しパターンを見つけ出す能力において優れています。したがって、「②定義」や「③発想」のステップで特に有用です。また、AIにより「⑤テスト」プロセスの一部を自動化できる場合があります。

・AIの苦手分野

一方で、AIは「①共感」のステップが苦手です。これは、人間の感情や経験を深く理解し、共感する能力がまだ限定的だからです。また、「⑤プロトタイプ」のステップのうち、物理的な製品や人間のインタラクションに関わる部分をAIに任せるのは難しいといえます。

このように、AIはデータ分析やパターン認識に関連するステップは得意ですが、**感情や直感に基づく理解が必要なステップは苦手**といえます。このようなAIの特性をヒトが把握して、うまく役割分担することで、デザイン思考のプロセスを効率化することができます。ぜひ、人間にしかできない洞察・創造性・共感の力を活かしながら、AIと協力してデザイン思考のプロセスを実践してみましょう。

05 デザイン思考とデザイン経営

デザイン経営をスモールステップではじめるには、身の回りのデザインを自分たちで見直すのがおすすめ。プレゼンスライドの制作はその一歩です。

デザイン経営とは

デザイン経営は、平たく述べるとデザイン思考を用いた経営手法のことです。2018年に経済産業省と特許庁が『「デザイン経営」宣言』を発表してから、日本でも「デザイン経営」という言葉がよく聞かれるようになりました。この提言において、デザイン経営は「デザインを重要な経営資源として活用し、ブランド力とイノベーション力を向上させる経営」と定義されています。

・カタチのデザインと考えのデザイン

デザインは、**企業が大切にしている価値、それを実現しようとする意志を表現する営み**です。デザインにより、個々の製品の外見を好感度の高いものにする（カタチのデザイン）だけではなく、顧客が企業と接点を持つあらゆる体験に、その価値や意志を徹底させ、それが一貫したメッセージとして伝わる（**考えのデザイン**）ことで、他の企業では代替できないと顧客が思うブランド価値が生まれます。

さらにデザインの力で人々が気づかないニーズを掘り起こし、イノベーションを実現することができます。つまり、誰のために何をしたいのかという原点に立ち返ることで、既存の事業に縛られずに、新たな事業を構想できるのです。

デザインの投資効果

世界ではデザインへの投資に関する研究が進んでおり、欧米で行われた研究では**デザインへの投資を重視する企業ほど、高いパフォーマンスを発揮する**ことが示されています。

例えば、British Design Councilは、デザインに投資するとその4倍の利益を得られると発表しています（British Design Council/2012年）。また、Design Value Indexは、アメリカのS&P500の企業全体で比較して、デザインに投資する企業は過去10年間で2.1倍成長したことを報告しています（Design Management Institute/2015年）。さらに、マッキンゼーが行った調査では、デザインを重視する企業は同様のプロダクトやサービスを販売する競合と比べ30%も高い値段をつけられることがわかっています。

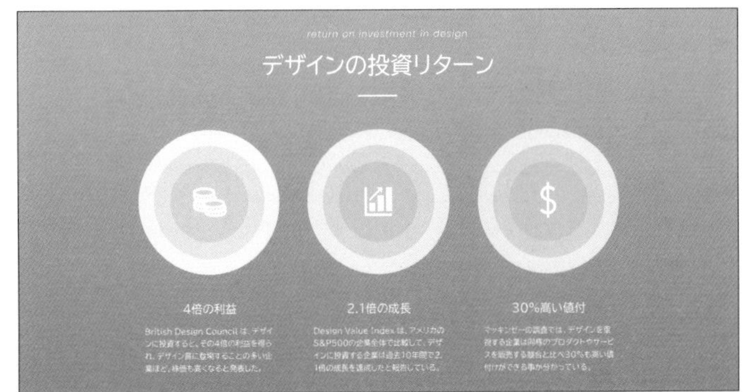

図1 デザインに対する投資へのリターン
経済産業省・特許庁 産業競争力とデザインを考える研究会『「デザイン経営」宣言』を参考に筆者が作成
https://www.meti.go.jp/report/whitepaper/data/pdf/20180523001_01.pdf

その他の調査を見てもデザイン経営を行う会社は高い競争力を保っており、世界的にデザインの高い投資効果が評価されています 図1 。

デザイン思考とデザイン経営の違い

ちなみに、Introduciton04（→P.021）でお話してきた「デザイン思考」と「デザイン経営」はよく似たワードなので、混乱を避けるために整理しておきましょう。

- **デザイン思考：問題解決やイノベーション創出のためのフレームワーク**
- **デザイン経営：デザイン思考を組織全体に適用し、組織の戦略・文化・運営を作り変えて、ビジネス戦略や競争力を向上させるためのアプローチ**

つまり、デザイン思考が一つの製品やサービスの問題解決に焦点を当てるのに対し、デザイン経営は会社全体のビジョンや目標、プロセスについて考えることで、イノベーションを創出するだけでなく、企業のブランド力を高めることができます。

「デザインラダー」で現状を把握する

日本企業では、デザイン思考を身につけた経営者や、チームリーダーは少ないといわれています。だからこそ、世の中の流れを俯瞰しながら自社の強みや弱みを客観的に分析し、未来を展望することで、会社やチームを成長させて差別化することができます。

デザイン経営を導入する際に参考にするべきツールとして、デンマークデザインセンターが提唱している「デザインラダー」というもの

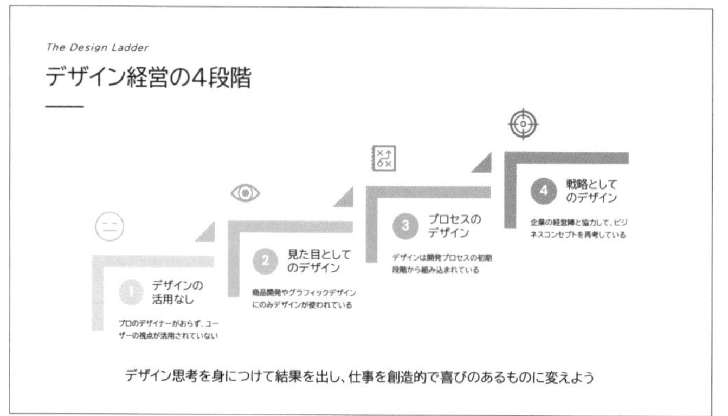

図2 デザイン経営の4段階
デンマークデザインセンター（https://ddc.dk/）が提唱する「デザインラダー」の概念を、筆者の解釈で図解・作成したもの

があります。

デザインラダーを指標にして、会社やチームでどの程度デザインを活用できているかを、4つの段階で測ることができます。現状「①デザインの活用なし」であれば、「②見た目としてのデザイン」を取り入れるだけでも、採用や営業、チームワークなどに大きな効果を出すことができます 図2 。

「プレゼン制作」からはじめるデザイン経営

すでにデザインの重要性を肌で感じている経営者やチームリーダーも多いと思います。しかし、外部のデザイン事務所などに依頼するには費用面や心理面でのハードルが高く、通常業務を優先してしまう結果、**デザインについて考えることが後回しになる**ことがよくあります。

デザイン経営をスモールステップではじめるためにおすすめなのが、**身の回りのデザインを自分たちで見直す**ことで、デザイン思考を身につけることです。私はいつも「パワポは一番身近なデザインツール」と言っているのですが、ビジュアルコミュニケーションのツールとして作成されることの多い「プレゼンスライドの制作」を題材にデザイン思考を実践してみるのが効果的です。

Chapter1-01（→**P.028**）にプレゼン制作の工程でデザイン思考の5ステップを実践する方法をまとめているので、こちらもぜひ参考にしてみてください。

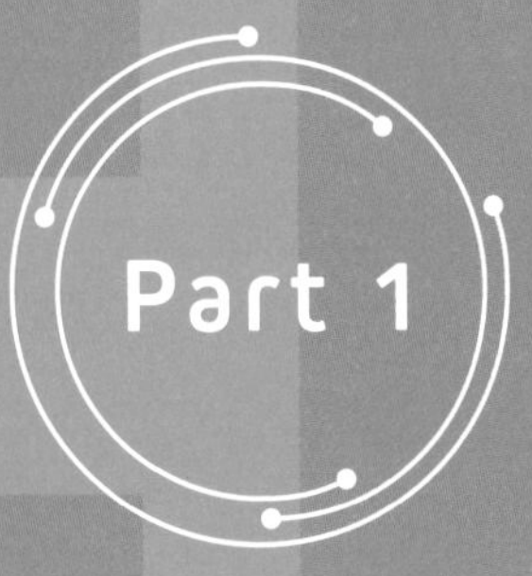

ヒトを動かすプレゼン

Chapter 1

AIにより変化するプレゼン制作

「テーマ設定→構成・レイアウト→デザイン」という、プレゼンテーションを作成する一連の流れにAIを取り入れると、プレゼンはどう変わるのでしょうか？プレゼンを仕上げる過程で、ヒトとAIの最適な役割分担を考えてみます。

これからはAIとプレゼンを作る時代

ヒトとAIで共同でプレゼンを練り上げていく工程を、「デザイン思考の5ステップ」に当てはめて考えてみます。

プロのプレゼン制作はデザイン思考の工程で行われる

プロによるプレゼン制作は、Introduction04（→P.021）で紹介した「デザイン思考の5ステップ」と同じ工程で行われています。ここでは、そのプロセスについて説明します 図1 。

①共感（Empathize）：テーマを決める

プレゼン制作チームがクライアントに対するヒアリングを行い、**聴衆のニーズや期待**を理解します。これにより、**聴衆に共感を呼び起こす**プレゼンの目的やテーマを決定します。

②定義（Define）：構成を決める

ディレクターがプレゼンの目的とテーマを構成案に落とし込み、**相手に伝わりやすいストーリーとスライドレイアウトのラフ**を構築していきます。

③発想（Ideate）：デザインを決める

クリエイターが様々なアイデアを発散させて、**デザインコンセプト**を創り出します。この過程ではブレインストーミングが多用され、多角的なプレゼンのアプローチやデザインが考慮されます。

④プロトタイピング（Prototype）：プレゼンを制作する

クリエイターがスライドのドラフトを作成します。発想段階で出てきたアイデアを具体化し、**プレゼン構成やデザインのプロトタイプ**を作成します。

⑤テスト（Test）：完成度を高める

ディレクターのレビューとクライアントのフィードバックに基づき、**プロトタイプを繰り返し修正**してスライドを完成させます。このステージではフィードバックを用いてプレゼンを改良し、最終的な形に仕上げます。

ここで記載したディレクター・クリエイター・クライアントの役割はあくまでも目安で、担当者の得意分野、チーム構成、納期などの状況

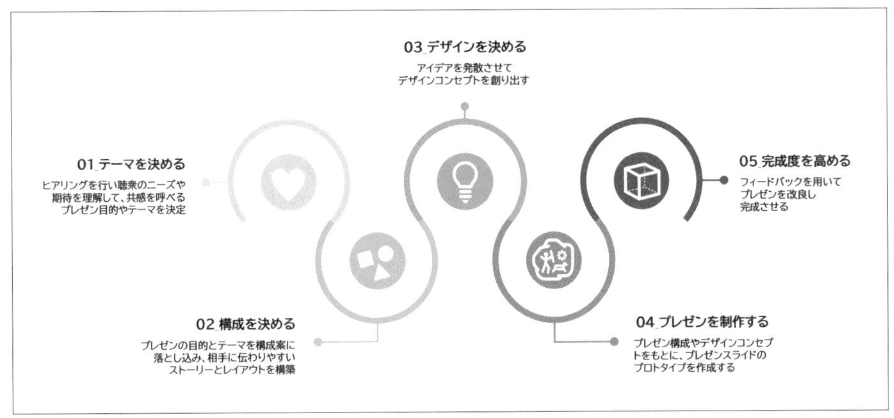

図1 デザイン思考によるプレゼン制作

によって入れ替わることもあります。この「デザイン思考の5ステップ」によるプレゼン制作工程の詳しい内容については、Chapter2-03（→P.046）以降で説明していきます。

プレゼン制作における ヒトとAIの役割分担

AIはデータ分析やパターン認識を得意としますが、感情や直感を理解するのは苦手であるといわれます。このような特性を考慮して、プレゼン制作工程におけるヒトとAIの役割分担を考えてみましょう。

①共感（Empathize）：ヒトがテーマを決める

AIは感情や直感に基づいた理解に限界があり、特にユーザーの感情や隠されたニーズの把握は難しいといえます。このため、**ヒトが自分の価値観をもとにプレゼンの目的を設定し、聴き手の立場からテーマを考えます。**

②定義（Define）：AIが構成を決める

AIは大量のデータを高速に処理・分析できるため、目的とテーマを入力して構成案とスライドレイアウト（文字、文字+イメージ、文字+図解）を簡単に考えてもらうことが可能です。もちろん、最終的な**構成やレイアウトの選択やチェックはヒトが行う**必要があります。

③発想（Ideate）：ヒトがデザインを決める

デザインコンセプトと図解のレイアウトはヒトが決めます。AIは、既存のデータやパターンに基づいて新たなアイデアを生成することができますが、革新的で創造的なアイデアを生み出したり、複雑な概念を図解でわかりやすく抽象化したりすることは、まだ難しいといえます。

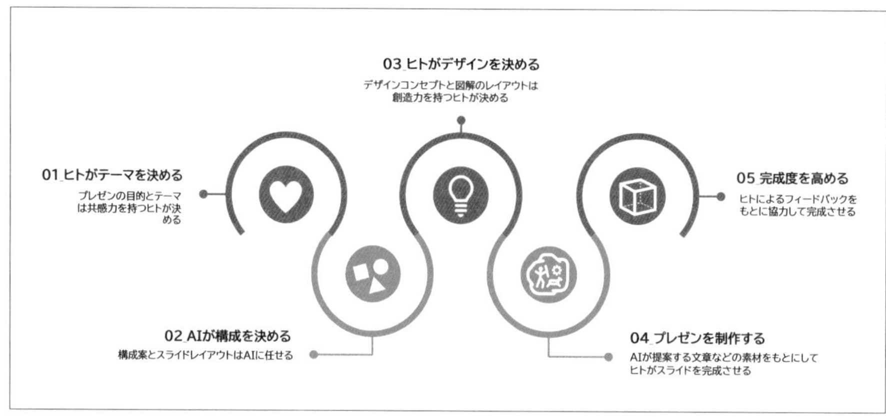

図2 ヒトとAIの役割分担

④プロトタイピング(Prototype):ヒトとAIが協力してプレゼンを制作する

特定の領域ではAIが高速でプロトタイプを生成することが可能です。タイトルやビジョンの決定やスライド内の文章作成は、**AIがドラフトを提案した後、ヒトが選択・修正して、**プレゼンスライドを制作することで、作業を効率化できます。

⑤テスト(Test):ヒトとAIが協力してプレゼンの完成度を高める

AIはテスト結果やユーザーフィードバックの分析に役立ちます。しかし、感情や文化的な要素に基づくフィードバックの理解にはヒトの判断が必要です。つまり、ヒトの心を動かすプレゼンを完成させるには、**AIの助けを借りながら、ヒトが改善する**必要があるのです。

以上のように、AI技術の進化は、プレゼン制作工程を根底から変える可能性を秘めています。AIが分析、コンテンツ生成、レイアウト設計、ストーリー作成などのタスクを補助または自動化することで、**制作者はより創造的な側面に集中**することができます。AIをうまく活用して、プレゼンの質を向上させ、ヒトを動かすプレゼンを目指しましょう。

02 AIはプレゼン資料の作成効率と質を高める

AIが搭載されたプレゼンスライド作成ツールは、すでに多数存在します。その中の一つ「Gamma」を使ってプレゼンスライドを作成してみました。

進化するAIプレゼンツール

以前から「beautiful.ai」のようなAIを用いたプレゼンスライド作成ツールは存在していましたが、ChatGPTがリリースされたことにより、タイトルやテーマを入力するだけで10枚前後のプレゼンスライドが自動生成されるような、これまでにはなかったツールが多数リリースされるようになりました。

執筆時点（2023年5月現在）での、無料で試せるAIプレゼンツールには 図1 のようなものがあります。

AIプレゼンツール「Gamma」を使ってみよう

様々なAIを利用したプレゼンスライド作成ツールの中でも話題なのが「Gamma」です。「Gamma」には以下のような特徴があります。

- 日本語でコンテンツ生成できる
- 自動でレイアウトまで作ってくれる
- 画像変更や文章編集も可能
- リンクでスライド共有
- 無料版は回数制限あり

AIが自動でスライドを生成してくれるもの	
Gamma	https://gamma.app/
Tome	https://tome.app/
SlidesGPT	https://slidesgpt.com/
GPT for Slides （GoogleSlide用のアドオン）	https://workspace.google.com/marketplace/app/magicslides_app_gpt_for_slides/371894645570
スライド作成をAIがサポートしてくれるもの	
Canva	https://www.canva.com/
beautiful.ai	https://www.beautiful.ai/

図1 AIを利用したプレゼンスライド作成ツール

筆者が使ってみたところ、かなり便利ですので、使い方を紹介します。

＞「Gamma」を使ったプレゼン制作の手順

①「Gamma」のサインアップ画面にアクセスし、「Googleアカウントまたはメールアドレスで登録します。

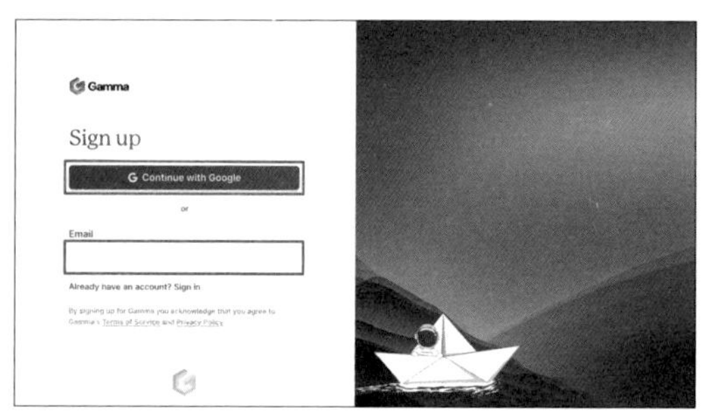

https://gamma.app/signup

②初回ログイン時には、会社/個人の別とワークスペース名、利用用途を聞かれますので、適宜入力してください。

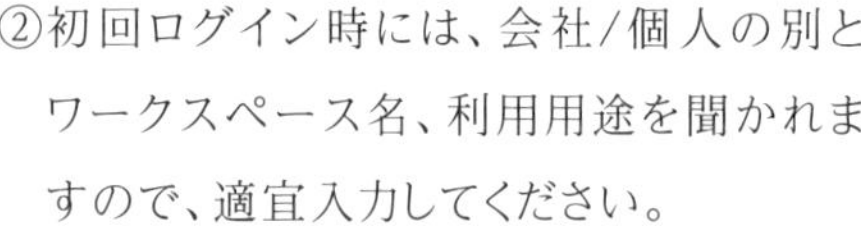

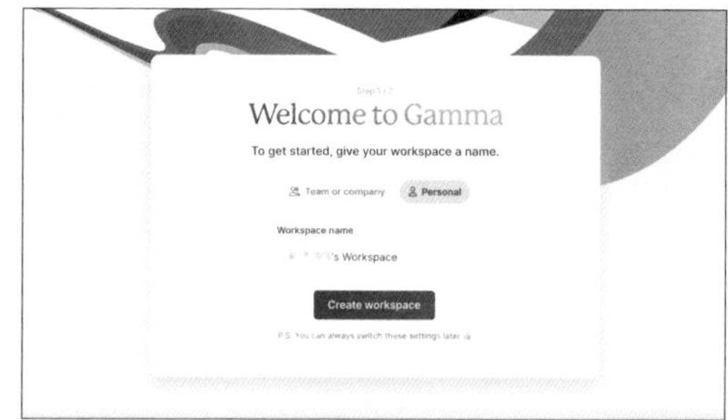

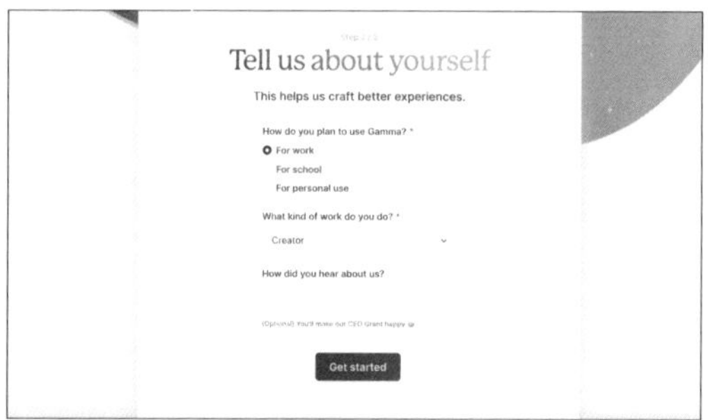

③AIとのチャット画面に移動し、制作する書類の種類を選びます。ここでは「Presentation」を選択しています。

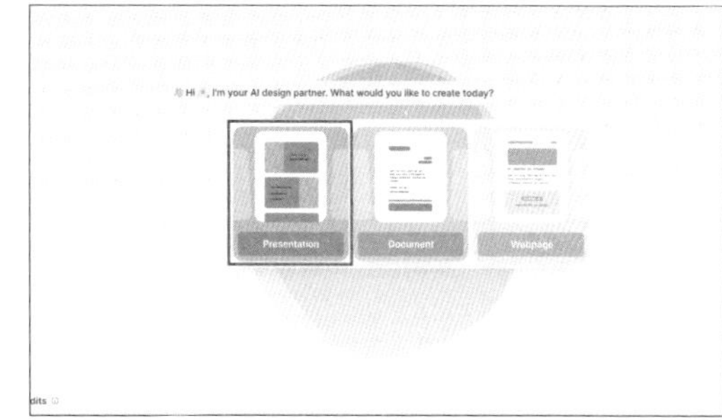

④テキストボックスにプレゼンテーマやタイトルを入力します。ここでは「プレゼン制作会社の営業資料」と入力しました。

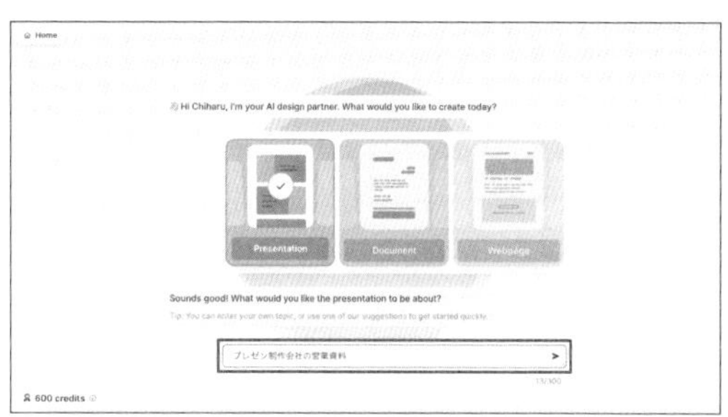

⑤一般的なテーマであれば、AIがトピックを自動生成してくれます。修正したい場合はテキストボックス上で内容を変更します。トピックが自動生成されない場合は自分で入力しましょう。トピックが完成したら「Continue」をクリックして、少し待ちます。次にスライドの基調になる背景色を選ぶ画面が表示されますので、ここでは黒いバージョンを選びました。

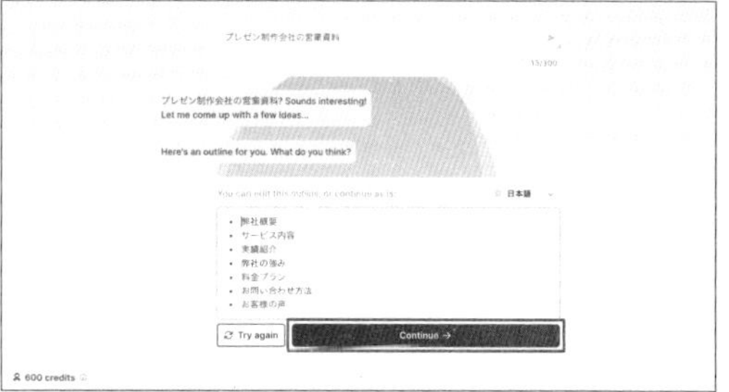

⑥この手順で、「プレゼン制作会社の営業資料」というテーマを入れるだけで、簡単にクオリティの高い8枚のスライドが生成されました。生成されたスライドは、画面上でテキストや画像を編集したり、PDF形式でダウンロード可能です。

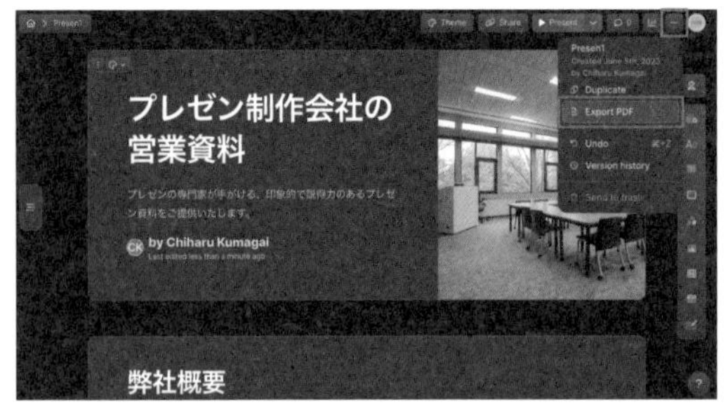

⑦新しいスライドを作成する場合は「Home」画面に戻り、「All decks」を選び、「New with AI」をクリックします。続いて表示される画面で「Guided」を選択すると、手順③の画面に再び表示されますので、以降は同じ手順でスライドを作成できます。

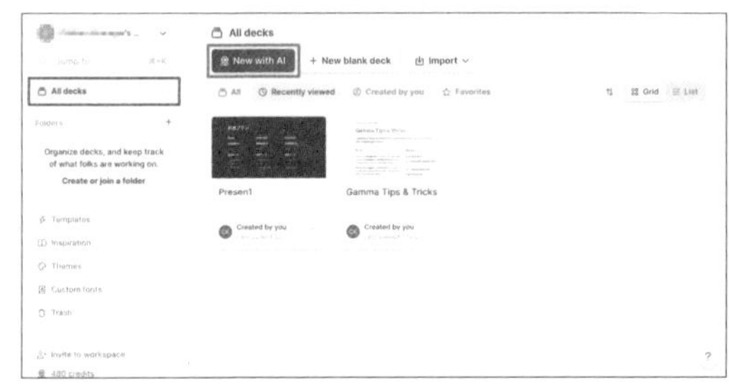

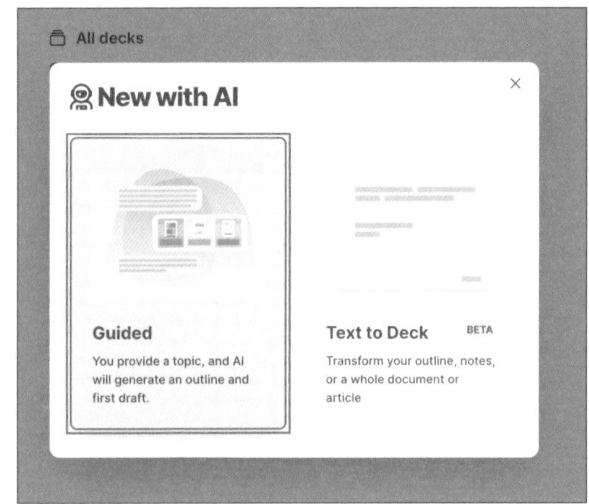

多くのAIプレゼンツールは文章と画像を自動生成してスライド作成するだけのものが多いのですが、「Gamma」の場合はコンテンツの内容に合わせたレイアウトまで自動で作れるので、よりわかりやすいプレゼン資料を作成可能です。テンプレートも豊富で、クオリティの高いものが揃っており、簡単に洗練されたデザインのスライドができ上がります。

「Gamma」は使用回数の制限はありますが、無料で利用可能です。試しに使ってみて、頻繁に利用したいという方は有料アカウントへの移行を検討しましょう。

このように、AIプレゼンツールを使うことで、美しくてわかりやすいプレゼン資料を簡単に生成して、時間と労力を節約することができるようになりました。しかし、同じようなテンプレートを使用して、AIが生成したプレゼンが大量生産されれば、個性的なプレゼンは生まれにくくなってしまうともいえます。

ヒトの気持ちをとらえる魅力的なプレゼンを作るためには、AIプレゼンツールに過度に依存することなく、ヒトとAIが協力することが大切です。

パワポにも AIが搭載される未来はすぐ

AIはすごいスピードで進化しています。PowerPointをはじめとしたビジネスツールにAI機能が導入されると、どうなるのか見ていきましょう。

Microsoft 365への AI導入に関する発表

2023年3月に米国・マイクロソフト社は、大規模言語モデル（LLM）とMicrosoft 365アプリを組み合わせた「Microsoft 365 Copilot（コパイロット）」（以下、Copilot）を数か月以内に導入すると発表しました。発表の中でCEO兼会長のサティア・ナデラ氏は、このツールが「私たちの働き方を根本的に変え、生産性向上の新たな波になる」と述べています。

Copilotは次の2つの方法でMicrosoft 365に組み込まれます。

- ・WordやExcel、PowerPointなどの個別のアプリケーション
- ・アプリケーションやその他のデータ全体を横断するビジネスチャット

このCopilotを使用することによって、3つの効果が期待されています。

①創造性を解き放つ

PowerPointでCopilotを利用すれば、シンプルなプロンプトを入力するだけで美しいプレゼンスライドを作成することができます。また、Wordでは最初のドラフトが自動的に生成されるため、作成や編集にかかる時間を短縮することができ、Excelではトレンド分析やデータの視覚化を数秒で作成することができます。

②生産性を解放する

多くのビジネスパーソンは、本当に重要な仕事の20%に集中したいと考えていますが、労働時間の80%はメールの返信や議事録の作成などの作業で忙殺されています。Copilotの利用によりこれらのタスクを自動化し、生産性の高い有意義な仕事に時間を使うことができるようになります。

③スキルアップする

Copilotを利用することで、得意なスキルをさらに向上させ、まだ知らないスキルもすぐに

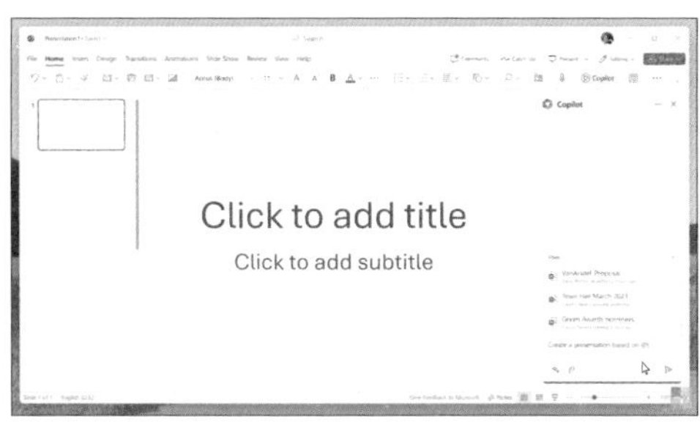

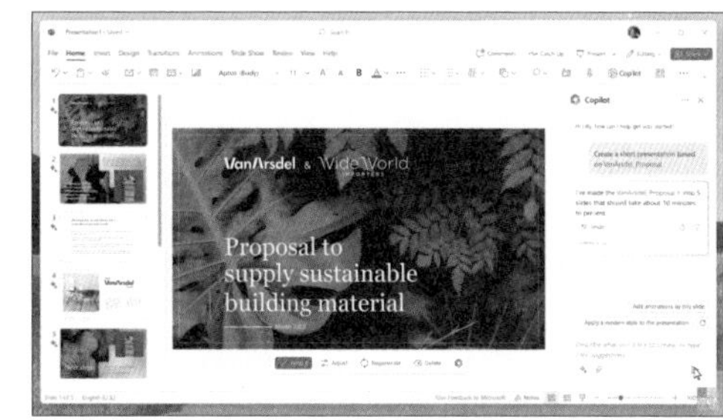

図1 Copilotが搭載されたPowerPointのスライド作成画面（YouTube動画より）

習得できるようになります。一般的なビジネスパーソンは、Microsoft 365で使用できる数千のコマンドのうち、一握りのコマンドしか使用していません。しかしCopilotを使えば「スライドのアニメーション化」や「表の挿入」などの機能を自然言語の入力だけで利用できるようになります。

※出典:Spataro, Jared. March 16, 2023."Introducing Microsoft 365 Copilot – your copilot for work" In Official Microsoft Blog
https://blogs.microsoft.com/blog/2023/03/16/introducing-microsoft-365-copilot-your-copilot-for-work/
「3つの効能」については、上記をもとに筆者が要約。

Copilotで作る パワポデザインのイメージ

Copilotを利用したPowerPointでのスライド作成工程については、2023年3月にマイクロソフト社から発表された「The Future of Work with AI」と題したYouTube動画で公開されています 図1 。その中では次のようなことが述べられています。

①ワードファイルの選択とスライドの自動生成

PowerPointのCopilotからWordファイルを選択するだけで、Wordファイルの原稿をもとにしたスライドを自動で生成してくれます。生成されたPowerPointのスライドデザインも、プロのデザイナーが作ったような洗練されたものになっています。

②イメージやアニメなどの追加

生成されたスライドをもとに、文字スライドのビジュアル化やアニメーションの追加などを、チャットの指示だけで行えます。Copilotの利用により、これまで10%程度しか使われていなかったPowerPoint機能のほぼすべてを使いこなせるようになるといわれています。

※出典：Microsoft. March 17, 2023."The Future of Work With AI - Microsoft March 2023 Event"
https://youtu.be/Bf-dbS9CcRU
上記の動画の内容をもとに、筆者が要約。

ヒトとAIが協力して働く未来は避けられない

Copilotが導入されれば、高いセキュリティが期待されることと、世界中にユーザーが存在することにより、ヒトとAIが協力して働く未来がより現実的になります。

Copilot は Microsoft 365に統合されるため、同様の「2段階認証、コンプライアンス、プライバシー保護」などのセキュリティポリシーとプロセスを使うことになります。また、マイクロソフトの技術により、アクセス権限を適切に設定し、データ漏洩に関する対策もなされます。このため、高い信頼性を持つAI ソリューションになることが期待されています。

また、Copilotは、同じくマイクロソフト社が提供するWord、Excel、PowerPoint、Outlook、Teamsなど、世界中で何百万人もの人々が、毎日仕事や生活に使用するアプリケーションに統合されるため、新しいツールを使うことなく、容易にAIを使った作業を開始することができるようになるでしょう。

今からAIを積極的に活用するスキルを身につけて、近い将来そのときが来ても慌てなくていいように準備しておきましょう。

Chapter 2

結果を出すプレゼンを最短距離でつくる

プレゼンの最終的な目的は「ヒト（聴き手）を動かす」ことです。
ヒトを動かすプレゼンを練り上げる過程を5つのステップに分けて、
どのようにすれば理想的なプレゼンを創造できるかを解説していきます。

01 プレゼンの目的は「ヒトを動かす」こと

みなさんがプレゼン資料を作るときに、最初にパソコンを起動してPowerPointを開く人がほとんどかもしれません。実はその前にやるべきことがあります。

目的を考えることは、周りからの評価にもつながる

プレゼンのスライドや資料を作る際、まず最初にやるべきなのは「**プレゼンの目的**」を考えることです。目的を考えてから制作作業に入るのは遠回りに思え、手間もかかりますが、それを上回るメリットがあります。

例えば、目的を考えることが**質の高いプレゼンを生み**、チームメンバーやクライアントとの信頼関係が深まり、仕事でも結果を出しやすくなります。自分の自信にもつながりますし、周囲の評価が上がって昇進することもあるでしょう。

逆に目的を考えずに行うプレゼンは、ダラダラしてメッセージがわかりづらく、参加者の時間を無駄にし、チームを混乱させる恐れがあります。実際に会社の中でこうした光景を見かけたことのある人も多いはずです。こうしたプレゼンが続けば、周りからの信頼を失い、社内での評価は下がってしまいます。

普段あまり意識していない人も多いのですが、**プレゼンは強力なコミュニケーションツール**であり、どんなプレゼンをするかで周りからの評価が大きく変わります。難しく考えすぎる必要はありませんが、プレゼンを作る際は、最初にその目的についてしっかり考えることが大切です。

プレゼンの目的は「ヒトを動かす」こと

社内向けのプレゼンで考えてみます。新規プロジェクトであれば、プロジェクトの開発担当者が市場調査の結果に基づいて提案プレゼンを行うことで、「経営者や上司を意思決定に導くこと」が目的になります。また、研修プレゼンであれば、研修担当者が企業理念や方針を共有して、「企業で働く全従業員に、部門の垣根を越えて同じ価値観を持ち、協力して働いてもらうこと」が目的です。

社外向けのプレゼンも考えてみます。営業プレゼンの場合は、営業担当者が前向きな未来を語ることで、「商品やサービスに興味を持ってもらい、購買意欲を促すこと」が目的です。また、採用プレゼンであれば、採用担当者が会

社のビジョンに込められた熱い想いを伝えることで、「多くの学生に会社への興味を持ってもらい、新卒採用に応募してもらうこと」が目的になります。

例えば、スライド資料は準備しないかもしれませんが、好きな相手にプロポーズして人生の大きな決断を後押しすることもプレゼンの一種といえます。

このように、すべてのプレゼンの目的は「**ヒトを動かす**」ことにあります。

人類の繁栄は「認知革命」からはじまった

人間が生きていく上で、**他人の協力なしに成功することは不可能**です。ユヴァル・ノア・ハラリ 著『サピエンス全史』(早川書房)によれば、人類は7万年前に突然変異で脳の配線が変化し、虚構を信じる力を持ち始めました。これを「認知革命」といいます。

この出来事により、これまで最大で150人程度までしかまとまることのできなかった集団が、数億人単位で同じ神話や宗教を信じてまとまり、協力して行動することが可能になりました。これが、知力や体力で劣る人類が地球上で最強の存在になった原因だといわれています。

個人が尊重される現代社会に生きていると忘れがちですが、人間は本質的に社会的な生き物であり、生存や繁栄のためには**他人と協力して物事を進める**ことが不可欠です。また、一人の人間が持つスキルや知識には限界があるため、他人と協力してお互いの得意分野を活かし合う集団のほうが、より高いレベルの成果を生み出せます。

Win-Winの未来で相手の心を動かそう

私たちが社会で周囲の人と協力して成功するためには、**わくわくするビジョンやWin-Winの未来**をイメージしてうまく伝え、気持ちを盛り上げたり共感を呼び起こしたりすることが必要になります。そうすることで相手の心を動かして、**ポジティブな気持ちで応援し、サポートし続けてもらう**ことが可能になるのです。

これは私の経験ですが、プレゼンで「ヒトを動かす」ことができるようになれば、仕事だけでなくプライベートも思い通りになることが増えます。「プレゼンが苦手だな」、「もっとうまくプレゼンできるようになりたい」と思っている人も、本書に書かれたプレゼンの作り方を実践して、人生を思い通りにデザインできるきっかけにしてほしいと願います。

「ヒトを動かす」プレゼンのあるべき姿

ヒトを動かすプレゼンとは、具体的にどういったものでしょうか？ 筆者なりにわかりやすくルール化してお伝えします。

ヒトを動かすプレゼンとは「結果を出す」プレゼン

プレゼンの作り方に関するセミナーを行うと、参加者の方から「上司によって指示が異なり、正しいプレゼンの作り方がわからない」という質問をよく受けます。

日本では学校教育の中で、プレゼンのやり方やスライドの作り方について習う機会が少なく、あるべきプレゼンの姿をイメージできない人が多いのが現状です。伝えたいテーマや聴衆のニーズによってあるべきプレゼンの姿は異なるところも、正解をイメージしづらい原因でしょう。

エリヤフ・ゴールドラット 著『ザ・ゴール 企業の究極の目的とは何か』(ダイヤモンド社)という本で、「企業の目標はお金を儲けること」であり、「それ以外のすべては、その目標を達成するための手段」と語られているように、営利企業のゴールは売上と利益を上げることにあります。このため、ビジネスでプレゼンを作る場合は「**結果を出すプレゼン**」にする必要があります。

「10/20/30ルール」を基本に考える

あるべきプレゼンの姿、つまり「結果を出すプレゼン」の基本は「**10/20/30ルール**」を学ぶことで、イメージしやすくなります。

このルールは、Apple、Google、Canvaなどのエバンジェリストを歴任し、ベンチャーキャピタリストとしても知られている、Guy Kawasaki(ガイ・カワサキ)氏が提唱しているものです。彼は様々な起業家からのプレゼンを聞き続けるうちに、多くのプレゼンのレベルが低すぎることに嫌気がさし、このルールを作ったそうです。それは、「**10 Slide**」「**20 minutes**」「**30 Point**」でプレゼンを作るべき、というものです。

※出典:Guy Kawasaki『The Art of the Start』Tantor Media, Inc.、2009年

10 Slide:スライドは10枚まで

1度のミーティングで、通常の人は10個以上のコンセプトを理解できません。そのため、**スライド枚数は10枚以内**にするべきです。ピッチス

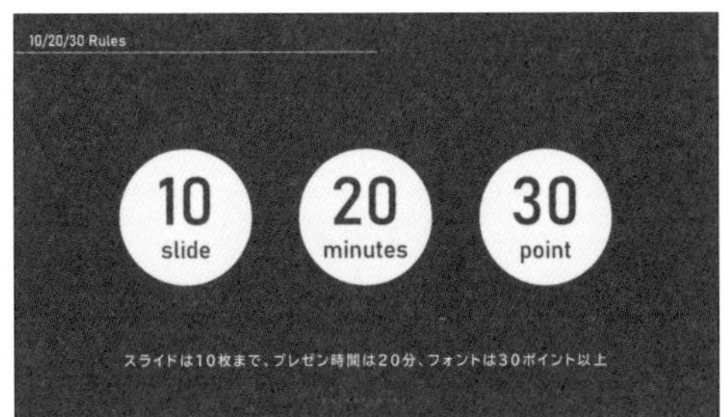

図1「10/20/30ルール」
Guy Kawasaki『The Art of the Start』(Tantor Media, Inc.、2009年)の内容をもとに、筆者が作成

ライド(スタートアップ企業が投資家などに自社やサービスを紹介するための短いプレゼンテーション)の目的は興味を刺激することであり、スタートアップのあらゆる側面を網羅したり、聴衆に同意を促したりすることではありません。2回目のミーティングに持ち込むのに十分な興味を生み出すことが目標です。そして、このルールはベンチャーキャピタルからの資金調達だけでなく、営業やパートナーシップの締結など、あらゆるビジネスにおけるプレゼンに当てはまります。

20 minutes:プレゼン時間は20分以内

10枚のスライドを使った**プレゼンは20分以内にまとめるべき**です。1時間のプレゼン時間があったとしても、予期せぬトラブルに時間が奪われたり、遅れて参加する人や途中で退出する人がいたりするかもしれません。そのため、20分でプレゼンを行い、残りの40分をディスカッションの時間にあてるのが理想的です。

イタリアのフランチェスコ・シリロ氏は、仕事や勉強のタスクを25分に分割し、5分間の休憩をはさみながら、決められた時間でタスクを実施していく時間管理術「ポモドーロ・テクニック※」を考案しました。

※出典:フランチェスコ;シリロ『The Pomodoro Technique』Lulu Press, Inc.、2009年

また、精神科医の樺沢紫苑氏は、人間の集中力には「**15・45・90分の法則**※」があると述べています。この法則では、人が深い集中を持続させられるのは15分程度、子どもが集中力を保てるのは45分、大人が集中していられる限界が90分としています。

これらの理論からも、多くの人が深い集中を続けることができ、10枚のスライドの内容を十分に説明できる、20分以内のプレゼンに魂を込めるということは、理にかなっているといえます。

※出典:精神科医・樺沢紫苑の樺チャンネル「15-45-90の法則　集中力持続時間の秘密」(2015年12月13日公開)
https://www.youtube.com/watch?v=7P4nutcbZSk

30 Point:フォントは30ポイント以上

スライドの本文に小さいフォント(文字)サイズが使われる理由には、次の2つがあります。

- **プレゼンター自身がプレゼンの内容を十分に理解していない**
- **多くの文字を書けば説得力が増すと思っている**

しかし、デザイン的な効果を別とすると、基本的にこれらの狙いには意味がありません。もし8ポイントの小さい文字を使う必要があるならば、プレゼンターが自分のプレゼン内容をしっかりと理解できていないことになります。

30ポイント以上のフォントサイズにすることでスライド上の文字数が減り、重要ポイントに焦点が絞られます。そして、そのポイントをうまく説明しなければいけません。フォントサイズは大きくし、文字数は少なくして、プレゼンターが細部までプレゼンの内容を把握できるようにしましょう。

「30ポイント以上」というくくりに抵抗がある人は、フォントを決めるアルゴリズムを使いましょう。それは「聴衆の中で一番高齢の方の年齢を2で割ったフォントサイズを使う」というものです。例えば16歳を相手にしたプレゼンでは8ポイントのフォントでも差し支えありませんが、60歳の聴衆がいる場合は30ポイントのフォントを使いましょう。

もちろん、「10/20/30ルール」は1つのガイドラインであり、すべてのプレゼンの正解になるわけではありません。あるべきプレゼンの姿は、伝えたいテーマや聴衆のニーズによって異なるため、ミニマルなスライドが作れるようになったら、プレゼン内容や聴衆に合わせてカスタマイズしていきましょう。

「結果を出すプレゼン」が作れるのは上位20%

みなさんは「**2:6:2の法則**」をご存知でしょうか。これは「パレートの法則」とも呼ばれ、**集団の上位2割が全体の8割の生産性をあげる傾向**のことをいいますが、プレゼンの世界にもこの法則が当てはまります。

つまり聴衆に狙い通りの行動を促し「結果を出すプレゼン」をすることができる人は、プレゼンターの上位20%にあたり、これが世の中のパワポの80%の結果を出しています。そして、この「結果を出すプレゼン」制作のためには「**センスのいいスライド**」を作る必要があります。

自分のスライドセンスを確認してみよう

「センスのいいスライド」を作れるようになるためには、まず現状のスライドがセンス良く作られているかどうかを確認する必要があります。簡単なチェックリストを作ったので、自分の作るスライドが何個当てはまるかチェックしてみてください。

▼スライドセンス・チェックリスト

①「1スライド=1メッセージ」
②聴衆に「どんな行動をしてほしい」のか伝わる
③文章が長すぎず、ひと目で読める文章量になっている
④色数が多すぎない（背景・文字・ベース・アクセントの4色まで）
⑤フォントの種類が多すぎない（和文フォント・欧文フォントは各1種類まで※1）
⑥スライド内のどこを見ればよいのかあきらか
⑦適度な余白がある
⑧すべてのスライドが同じデザインルールで作られている
⑨ストーリーの流れがわかりやすい
⑩スライド全体を貫くビジョンが明確である

※1：ノンデザイナーがビジネススライドを作る場合を想定

8個以上当てはまる：

あなたのスライドセンスは「良好」です。自信を持ってスライドセンスを磨けば社内での評価はさらに高まり、プレゼンクリエイターも目指せそうです。

3〜7個当てはまる：

あなたのスライドセンスは「普通」です。現状に甘んじることなくスライドセンスを磨くことで、「結果を出すプレゼン」を作れるようになります。

当てはまるのが2個以下：

残念ながら、あなたのスライドセンスには「問題あり」の可能性があります……。せっかくのプレゼンで言いたいことが伝わっていないかもしれません。修行に励むか、プロの指導を仰ぎましょう。

さて、結果はどうだったでしょうか。

「普通」や「問題あり」と判定されてしまった人も大丈夫です。「結果を出すプレゼン」の制作にはノウハウがあり、Chapter2-03（→P.046）以降でお話しする5つのステップを押さえることで誰でも作れるようになります。

03 プロはプレゼンを5ステップで作る

筆者がクリエイターとして様々なチームでプレゼン制作をした経験から気づいた、結果を出すプレゼンを制作する2つの条件をお伝えします。

メンバー全員の良好なチームワーク

1つ目の条件は、プレゼン制作に関わる**メンバー全員の良好なチームワーク**です。プレゼン制作チームの中には様々な役割の人がいますが、特に「**ディレクター**」と「**クリエイター**」**の役割分担**が重要なカギになります。

ディレクターとは、プレゼンの全体的なディレクション（総指揮）を行う立場の人です。クライアントからの依頼や要望をもとに、プレゼンのコンセプトやストーリー、ビジュアルなどを設計します。また、チーム内でクリエイターの作業を調整し、品質や納期の起案を行いながら、さらにクライアントと交渉を受け持ち、信頼関係を構築します。

クリエイターとは、プレゼンのデザインやビジュアルを考え、プレゼンスライドの制作を行う立場の人です。クリエイターはPowerPointのスキルの他に、Adobe社のIllustrator、Photoshopでの画像処理技術や、Premiereでの動画編集技術など、様々な専門的スキルを持つ人たちがいます。

ディレクターの役割

経験のあるトップクリエイターの中にはディレクターの役割を一人で担当する人もいますが、通常はプレゼン制作チームの中で役割分担されるのが一般的です。ディレクターがプレゼンの全体像を把握して作業内容を指示し、クリエイターがスキルを活かしながら協力して作業を進めることで、チーム内の作業を円滑に進めることができます。

ここで大事になるのが、**チームメンバー全員の良好なチームワーク**です。プレゼン制作に関わる人々が意見を出し合いアイデアを共有することで、メンバーのモチベーションが上がり質の高いプレゼンを作り上げることが可能になります。

また企業案件でのプレゼン制作にはたくさんの工程が含まれ、期日も定められていることが多いため、タスクやスケジュールの管理が必要です。このため、**チーム内でお互いの進捗状況を確認**しながら、効率よく作業を進める必要があります。また、協力して作業することで、**問題発生時に素早く解決策を見つける**ことができま

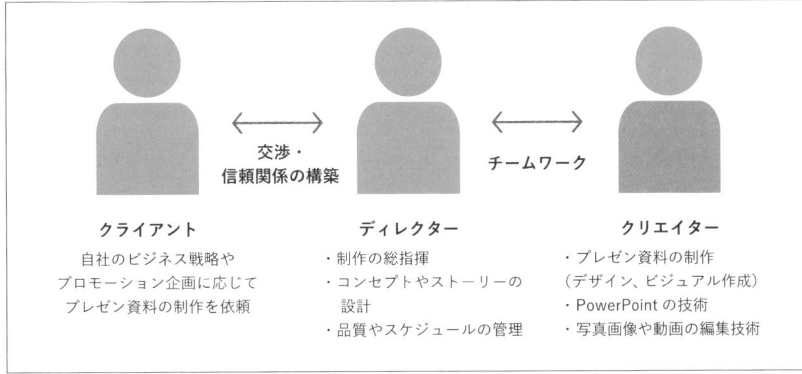

図1 プレゼンに関わるチームのメンバー

す。

クライアントとのコミュニケーション

そして、プレゼン制作チーム内のコミュニケーション以上に大切なのが、「**クライアントとのコミュニケーション**」です。クライアントは自社のビジネス戦略やプロモーションのためにプレゼン資料を発注します。制作チームはヒアリングを通じてクライアントの要望を理解します。そして、クライアントが求める品質と期限を守りながら、要望に合ったプレゼンを制作することで、信頼を得られます。

プレゼンがスムーズに制作される現場では、必ずといっていいほどクライアントを含めた制作に関わる全員が、**お互いの仕事内容や役割分担を理解し、尊重**しています。

これができていないと、クライアントから当初のデザインコンセプトと異なる修正指示が発生し、制作の最終段階でデザインの方向性が変わってしまったり、チームメンバーのタスク管理ができず無駄な作業が発生してクリエイターが疲弊したりするなど、現場が混乱状態に陥ります。

結果を出すプレゼンを作るためには、制作に関わるすべての人が「ひとつのチーム」として機能する必要性をメンバー全員が理解し、協力してプロジェクトを進めていかなければなりません 図1 。

デザイン思考に基づくプレゼン制作工程

もう1つの条件は、「共感→定義→発想→プロトタイピング→テスト」という**デザイン思考の5ステップ**を踏みながら、プレゼン制作を進めることです。

Introduction04（→**P.021**）でも述べたデザイン思考の5ステップに基づくプレゼン制作工程の内容は、次の通りです 図2 。

図2 デザイン思考によるプレゼン制作

▼デザイン思考の５ステップ

①テーマを決める（共感）
②構成を決める（定義）
③デザインを決める（発想）
④プレゼンを制作する（プロトタイピング）
⑤完成度を高める（テスト）

次節以降では、デザイン思考に基づくプレゼン制作工程、つまり「結果を出すプレゼンを作る5ステップ」の内容と、各工程における「ディレクター」「クリエイター」「クライアント」の役割について説明していきます。

04 プレゼンを作る5ステップ ①テーマを決める

聞き手に共感・行動してもらえるプレゼンを作る5ステップを解説します。1つ目はプレゼンのテーマを決める際の考え方です。

プレゼンの目的である「誰をどう動かすか」を考える

Chapter2-01（→P.040）でお話した通り、**プレゼンの目的はヒトを動かすこと**にあります。スライドを制作する際は、最初にプレゼンを作る目的、つまり「プレゼンの聴き手が誰か」「その人が**プレゼンを聴いた後にどんな行動をしてほしいか**」を考える必要があります。

そして、できればこの目的は、自分の価値観や哲学に沿って作るのが理想です。伝える側本人の価値観に合っていないプレゼンはうまく話がまとまらず、熱意も伝わりにくくなってしまうからです 図1 。

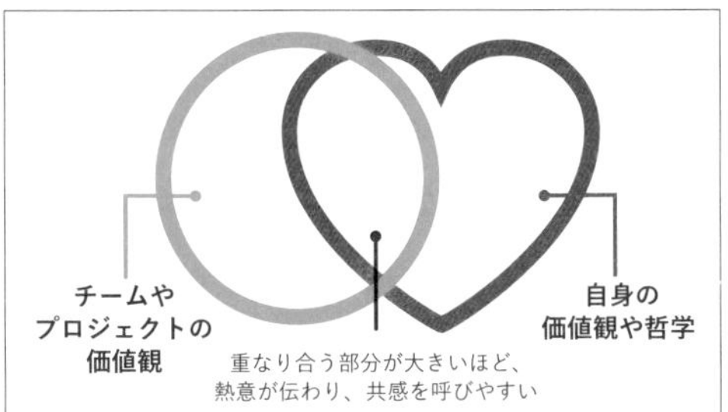

図1 プレゼンの目的と伝える本人の価値観

みなさんにも学校や会社でプレゼン発表をやりたくない……と思う場面があるでしょう。逆に、自分の好きなことや趣味など、この分野だったらいくらでもしゃべれるというテーマもあるかもしれません。

プレゼンの目的と自分の価値観が一致していると

筆者も学校や会社でプレゼンを進んでやりたいと思うほうではありませんでした。しかし現在、プレゼンクリエイターの立場で「センスのいいパワポの作り方」というテーマで話してくださいと依頼されたら、喜んでいつまでも話すことができます。実際に、パワポやプレゼンに関する講演会の後で質問をいただくとうれしくて、時間を忘れていっしょに解決策を考えてしまいます。

これは私の目的が「日本中のプレゼンをセンス良くしたい」ということにあるからです。この価値観に従って「プレゼンを聴いた人が次の日からワクワクした気持ちでパワポを開いて、素敵なプレゼンを作れるようになればいいな」

図2 プレゼンのテーマを決める際の考え方

と思いながら話せば、**自信を持って話せる**だけでなく、**プレゼン自体を楽しむ**ことができます。

学校での発表であれば、授業の内容に関連した範囲で、ある程度自由にテーマを決めることができるかもしれません。仕事での発表であれば、プロジェクトで決められた目的や方針があると思います。

プロジェクトの方針と自分の価値観が一致している場合は、その方針に従ってプレゼンの目的を考えましょう。一致しない場合には、チーム内でプロジェクトの方針をもう一度考え直すか、環境保護や社会貢献など、**チームと自分の価値観が重なる部分**を探して、できるだけ方向性を揃えてから準備に取り掛かりましょう。

聴き手の気持ちになって課題やニーズを理解する

プレゼンを成功させるためには、**聴き手の立場に立ってテーマを考える**ことが重要です。聴衆の課題やニーズを理解して、それに対してどのようなアプローチができるかを考えましょう。

プレゼン制作チームがクライアントにヒアリングする場合も、まずどのような人を対象にしているかという**聴衆のペルソナ（人物像）やニーズ**から確認します。クライアントが聴き手のニーズを正確に把握している場合は、そのまま情報共有してもらえばよいのですが、社外向けプレゼンなどの場合は聴き手のニーズについて分析できていないこともあります。この場合は以下の手順で聴衆のペルソナやニーズを確認し、どんなプレゼンを作れば興味を持ってもらえるかを考えます 図2 。

①聴衆のペルソナを確認する

ペルソナとは、サービスや商品の典型的なユーザー像を示すマーケティング用語。スライド制作の場合も聴衆のペルソナを考える必要があります。**聴衆の年齢層**、**性別**、**職業**などを把握して、具体的な人物像に落とし込みましょう。

②聴衆のニーズを確認する

ペルソナができたら、彼らの課題や問題を把握します。ニュースやリサーチ情報などをもとに最新の動向を予測したり、SNSやGoogleフォームなどのツールを使用して事前にアンケートを取ったりすることで、どういう悩みがあるのかを具体的に知ることができます。

③どんなアプローチをすべきか考える

聴衆が抱える課題や問題を把握したら、どのようなプレゼンを設計するべきかを考えます。聴衆のニーズに基づいて、役立つ情報や具体的な解決策を提供することができれば、聴衆が興味を持ちやすくなり、満足度の高い効果的なプレゼンを作ることができます。

プレゼンとはプレゼント

よく「**プレゼンとはプレゼント**」という言葉で表現されますが、聴衆のニーズを考えてプレゼンを作ることで、聴き手の役に立つような価値を提供して感謝され、つながりやコミュニケーションを深めることが大切です。

①聴き手に価値を提供する

プレゼンを作る際は、聴き手に何らかの価値を提供できるよう心がけましょう。例えば新しい知識や情報、プレゼンターが試行錯誤して見つけ出したアイデアなど、「時間を作ってこのプレゼンを聴きにきてよかったな」と思ってもらえる話ができれば、そのプレゼンは半分成功したようなものです。せっかくプレゼンする機会をもらったのならば、**聴き手が求めるものや役立つもの**を意識して提供しましょう。

②聴き手とのつながりを大切にする

プレゼンテーションを贈り物ととらえることで、聴き手を大切にする意識が生まれます。共感を深めて聴き手のニーズや悩みに寄り添い、その**プレゼンで解決策を提案する**ことで、「またこの人の話を聞いてみたい」と思う人が増えます。また、質疑応答やフィードバックを通じて、**聴き手とのつながりを深める**のも重要です。

③自分と聴衆がWin-Winになるようなテーマを作る

自分の目的を考え、聴衆のニーズを具体的に把握できたら、自分と聴衆がWin-Winになるようなテーマを考えましょう。**プレゼンをする側の目的とプレゼンを聴く側のニーズが重なり合う部分**がないと、プレゼンする側が熱意をもって話すことはできないし、それによって**聴き手を動かすよいプレゼン**にすることもできません。

例えば新卒採用の説明会で使うスライドでは、事業内容を詳細に説明して、会社の内容を理解してほしい企業担当者と、自分が入社した後の生活や研修、福利厚生について知りたい学生側との間でギャップが生まれることもよくあります。こうした場合には、企業側が求める学生像に合ったポイントを網羅的に説明しながらも、学生にとって興味深くわかりやすい情報を盛り込んで、プレゼンテーマ、構成、デザインを考える必要があります。

プレゼンの目的は「誰をどう動かすか」というところからスタートしますが、**聴衆がどのような関心を持っているか**を考え、「時間を作ってプレゼンを聴いてよかった」と思われるような価値を提供することを忘れずに、Win-Winのテーマを決めてください。

AIが苦手な「共感力」がヒトの強みになる

この「テーマを決める」という工程では、人生経験に基づく価値観や哲学をもとにプレゼンの目的（誰をどう動かすか）を考え、聴き手の気持ちになって課題やニーズを理解する必要があります。これは**AIにとって苦手な部分**といわれています。

AIは膨大なデータを処理し、高速で分析を行う能力を持っていますが、人間の価値観のように、個々の経験や文化的背景、教育などによって異なる複雑な背景を理解したり、感情や感性など、人間の心の機微を読み取ったりすることは、まだまだ難しいのです。

「テーマを決める」ために、自分の価値観や哲学をもとにプレゼンの目的を考え、相手の気持ちになって課題やニーズを理解するという、**人間にしかできない「共感力」という強み**を使って作業してほしいと思います。

05 プレゼン構成を作る前に覚えておくべき鉄則

プレゼンのテーマが決まったら、早速構成作りに取り掛かりたいところですが、その前に押さえておきたい鉄則をお伝えします。

構成を決める流れ

プレゼンのテーマが決まったら、構成に着手します。プレゼンの「構成を決める」の工程は、次の流れに沿って進めます。

・アイデア出し
→構成案の作成
→レイアウト案の作成

アイデア出し

最初に「①テーマを決める」の工程で決めたプレゼンのテーマや目的を紙に書き出します。さらに、関連するキーワードやアイデアをリストアップして、それらをもとにブレインストーミングを行いましょう。この段階では、制約を気にせず、多くのアイデアを出すことが重要です。アイデアがまとまったら、それらをグルーピングして整理し、最も重要なポイントを特定します。

構成案の作成

アイデア出しの段階で得られた情報をもとに、プレゼン全体の構成案を作ります。はじめに、全体の流れを大まかに決め、それぞれのセクションに分けます。次に、各セクションの目的やメッセージを明確にし、それに沿った内容を組み立てます 図1 。この段階では、プレゼンのロジックやストーリーが伝わるような構成を心がけます（構成案の作成方法については後述します）。

レイアウト案の作成

構成案が決まったら、紙にレイアウト案を書き出します 図2 。ノートに線を引いて4分割または8分割にし、スライドのラフスケッチをして、レイアウトのイメージを作ります。各スライドの

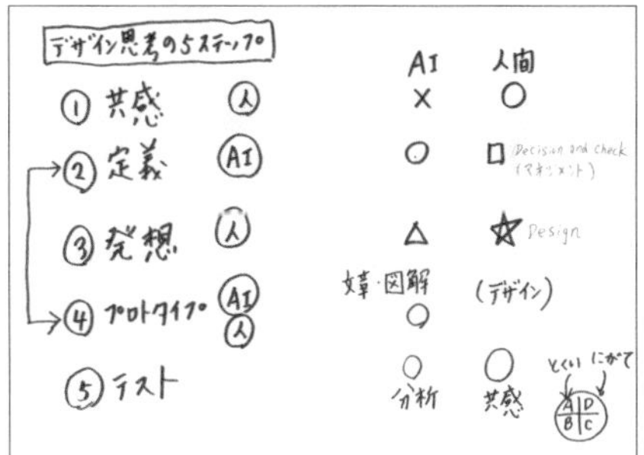

図1 書き出したアイデアやキーワードの例

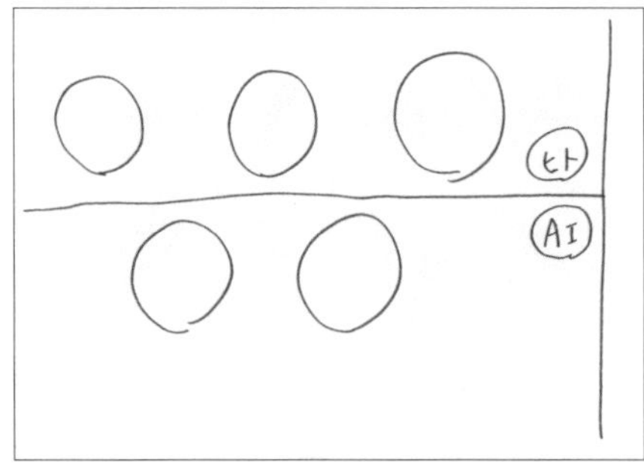

図2 レイアウト案の例

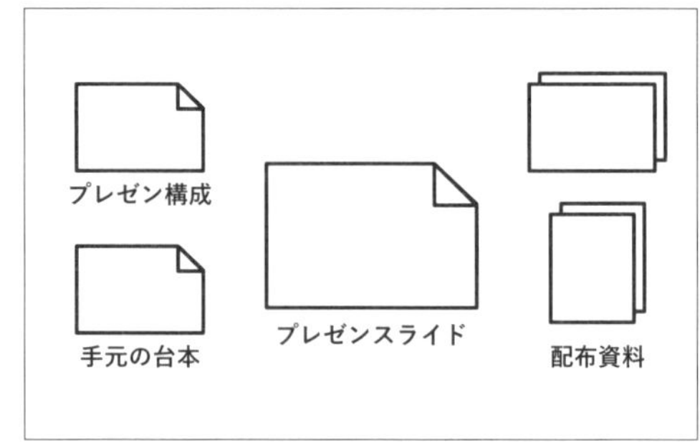

図3 プレゼンスライドと他の資料は分ける

デザインや視覚要素を考慮して、メッセージが効果的に伝わるようなレイアウトを検討しましょう（レイアウト案の作成方法についても後述します）。

この手順は「結果を出すプレゼン」を作るためにとても重要な、**骨格作りの部分**になります。各ステップで慎重に検討し、プレゼンテーション全体が効果的に機能するように調整することで、無駄がなくわかりやすい理論構成を作ることができます。

構成案を作る前に覚えておく鉄則

構成案の作成に進む前に覚えておきたいのが、「**プレゼンとその他の資料は分けて作る**」ことと、「**1スライド1メッセージ**」ということです。

プレゼン資料とその他の資料を分ける

プレゼンを効果的に行うためには「プレゼン構成」「手元の台本」「プレゼンスライド」「配布資料」を分けて作成することが鉄則です 図3 。以下に、それぞれの資料について説明します。

・プレゼン構成
プレゼン構成は、**プレゼン全体の骨組み**です。最初に目的や目標を明確にし、話すべきポイントや順序を整理します。ここで構成をしっかり決めることが、聴衆に情報を効果的に伝えるための基盤となります。

・手元の台本
手元の台本は、プレゼンターが話すべき内容を詳細に記したものです。プレゼン構成をもとに、具体的な言葉やフレーズを決め、自然な話し方ができるように調整します。この台本は、**プレゼンターがスムーズに話すためのガイド**となります。覚える必要はありませんが、練習を重ねて台本に頼らずに話せるようになることが望ましいです。

・プレゼンスライド
スライドは、**プレゼンの視覚的なサポートとなるもの**です。プレゼン構成と台本に基づいて、ポイントを視覚的に伝えるためのスライドを作成します。スライドはシンプルでわかりやすく、**1スライド1メッセージが理想**です。また、画像やグラフを適切に活用して、聴衆が理解しやすくなるように工夫します。

・配布資料
配布資料は、プレゼンテーションの内容を補足・まとめたものです。聴衆が後で参照するためにデータや図表などを含んだ資料を用意します。プレゼンスライドとは異なり、より詳細な内容を含めることができるため、**聴衆が後で復習しやすくなります**。

これらの資料を分けて作成することで、効果的なプレゼンを作ることができます。実務ではよく「プレゼン構成」「手元の台本」「プレゼンスライド」「配布資料」を1つのスライドファイルにまとめている人を見ますが、プレゼンとその他の資料は必ず分ける必要があります。

私がプレゼンを作る場合は、「プレゼン構成」はExcel、「台本」はWord、「スライド」はPowerPointと、ファイルを分けて作成しています。文字量の多い配布資料を作る必要がある場合は、スライド投影用のものとは別に、「配布資料」用のPowerPointファイルを作ります。

1スライド1メッセージ

プレゼン構成を作る際には、各スライドが「**1スライド1メッセージ**」になっていることを意識しながら作りましょう 図4 。1枚のスライドに複数のメッセージが含まれるとポイントがぼやけてしまうので、複数のメッセージを伝えたい場合は、できるだけスライドを分けて制作します。これにより、以下の効果を生むことができます。

・わかりやすい
1スライドに1つのメッセージと情報を絞ることで、聴衆がそのスライドの主題やポイントをすぐに理解できます。**情報が整理されていると聴衆の注意が散漫にならず**、プレゼン全体がスムーズに進みやすくなります。

・見やすい
1つのスライドに複数のメッセージや情報が詰め込まれていると、聴衆はどこに注目すべきか

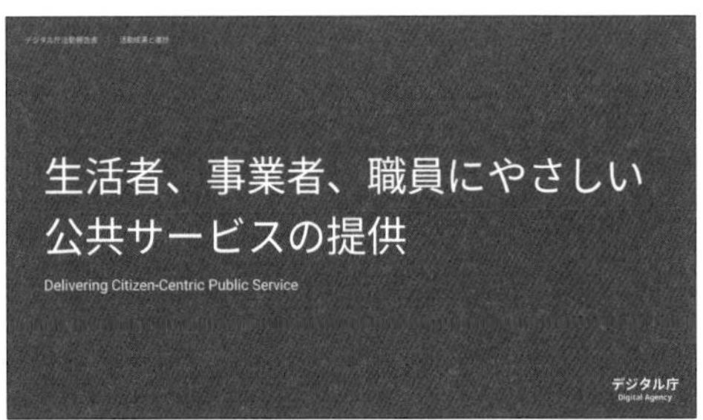

図4 「1スライド1メッセージ」の例
出典：デジタル庁『デジタル庁活動報告（2021年9月から2022年8月）』14ページより
https://www.digital.go.jp/policies/report-202109-202208/

わからず、混乱してしまうことがあります。1スライド1メッセージでデザインすることで、無駄な情報がそぎ落とされ、**聴衆が重要なポイントに集中できる**ようになります。

・記憶に残る
プレゼンテーション全体の流れが自然になり、聴衆は**ストーリーに沿って情報を理解する**ことができるため、メッセージを記憶しやすくなります。これにより、プレゼン後も内容が印象に残るだけでなく、他の人にも話を共有してもらいやすくなります。

プレゼンのあるべき姿をイメージ

ここまで述べた構成案を作る上での前提条件を理解したら、いよいよプレゼン全体の構成を作ります。最初に、これから作りたいプレゼンのあるべき姿を「テーマ」「時間」「枚数」に分けて確認しましょう。

テーマ

Chapter2-04（→**P.049**）で述べた「①テーマを決める」の工程で、自分の目的と聴衆のニーズがWin-Winになるような「テーマ」を決めました。**目的とテーマに沿ったプレゼン構成**を作り、最短距離で目的地にたどり着くために、テーマと目的を忘れずに紙に書き出しておきます。

時間

「時間」は、プレゼンの発表時間を意味します。あらかじめ決められている場合もありますが、プレゼンターが自由に決められる場合は、自分で何分間のプレゼンをするのか考えておく必要があります。Chapter2-02（→**P.042**）で解説した10/20/30ルールでは、「スライドは10枚以内、時間は20分以内、文字サイズは30ポイント以上」とされます。世界的なプレゼンアーカイブである「TED」でも、20分以内のプレゼンが中心です。内容や場面によっても異なりますが、一般的に20分程度のプレゼンが基準とされる場面が多いでしょう。

枚数

制作するべきスライドの枚数です。通常、1枚のスライドについて1～3分程度で話すと聞きやすくなるといわれていますが、スライドの文字数やプレゼンターが話すスピードなど、様々な要因によって変わります。例えば、1枚のスライドを2分で説明する計算であれば、20分のプレゼンを10枚のスライドで説明しよう、という風に逆算できます。

プレゼンのあるべき姿（＝テーマ×時間×枚数）がイメージできたら、自然にプレゼン構成の目安が決まります。最初はこちらで例示したようなミニマルなプレゼンから始めると作りやすいですが、慣れたら状況に合わせて自分で時間や枚数を自由に決めましょう。

次節では、プレゼン構成を作る際に参考にしてほしい「理想のスライド構成」と「4つのプレゼン構成の型」について説明します。

06 プレゼンを作る5ステップ ②構成を決める

プレゼンの構成を作る際に参考にしてほしいのが、「理想のスライド構成」と「4つのプレゼン構成の型」です。これらについて詳しく見ていきます。

理想のスライド構成

スライド構成は、大きく「**オープニング**」「**ボディ**」「**クロージング**」の3つのパートに分けられます。

オープニングパートは「表紙」「目次」「ビジョン」、クロージングパートは「目指す未来」「まとめ」などのスライドから構成されます。オープニングとクロージングはボディに至る導入と、まとめという内容がシンプルに表現できていれば、自分の好みの型で作ってかまいません。

「オープニング」「ボディ」「クロージング」を10枚のスライドで表現すると仮定した場合の、理想のスライド構成は次のようになります 図1 。

オープニング：①表紙、②目次、③ビジョン
ボディ（SDS型）：④概要、⑤詳細1、⑥詳細2、⑦詳細3、⑧まとめ
クロージング：⑨未来、⑩結論

図1 理想のスライド構成の例

ただし、これはあくまで一例であり、他にも様々な構成パターンが考えられます。

4つのプレゼン構成の型を使いこなす

メインコンテンツはボディパートで展開されます。スライドの目的に合わせて様々なプレゼン構成の型が使われますが、まずはSDS、PREP、DESC、TAPSの4つの型を押さえましょう。

●SDS型
・要約（Summary）
・詳細（Details）
・要約（Summary）
●PREP型
・主張（Point）
・理由（Reason）
・具体例（Example）
・主張（Point）
●DESC型
・説明（Describe）
・表現（Express）
・提案（Suggest）
・結果（Consequence）
●TAPS型
・理想像（To be）
・現状（As is）
・問題（Problem）
・解決策（Solution）

SDS型

SDS型の構成は、最初に主要なポイントを要約し、次に詳細情報を提供、最後に再び要約してポイントを強調します 図2 。**汎用性が高く、情報を明確に伝える**ため聴衆が要点を理解しやすくなります。

●SDS型の構成例：
新製品の発表プレゼン

○要約：当社の新製品「スマートウォッチX」は、業界をリードするウェアラブルデバイスです。

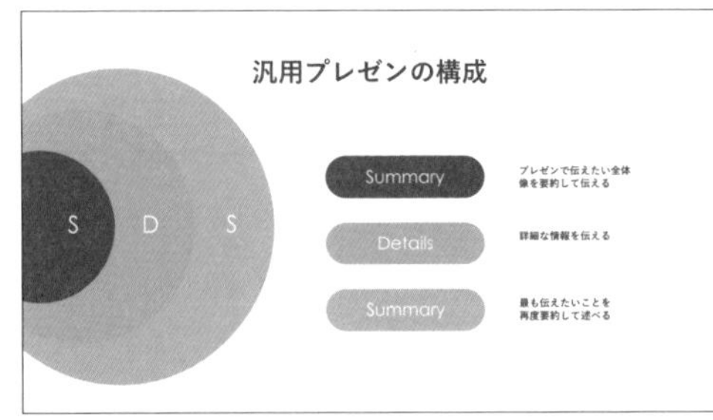

図2 SDS型のプレゼン構成例

○詳細：

①最先端の技術：バッテリー持続時間の向上、高精度な心拍数モニター、AIを活用したアクティビティトラッキングなど。

②革新的なデザイン：薄型で軽量な筐体、カスタマイズ可能なウォッチフェイス、高品質な素材を使用。

③業界をリードする機能：スマートフォンとの連携による通知機能、音楽再生、GPSナビゲーションなど。

○要約：「スマートウォッチX」は、最先端の技術と革新的なデザインを組み合わせたウェアラブルデバイスであり、お客様に最高の体験を提供します。

PREP型

PREP型の構成は、最初に主張を述べ、その根拠を示し、具体例を挙げ、最後に主張を再度繰り返します 図3 。**主張と根拠を明確に伝え、具体例を挙げる**ことで聴衆に対する説得力が増します。

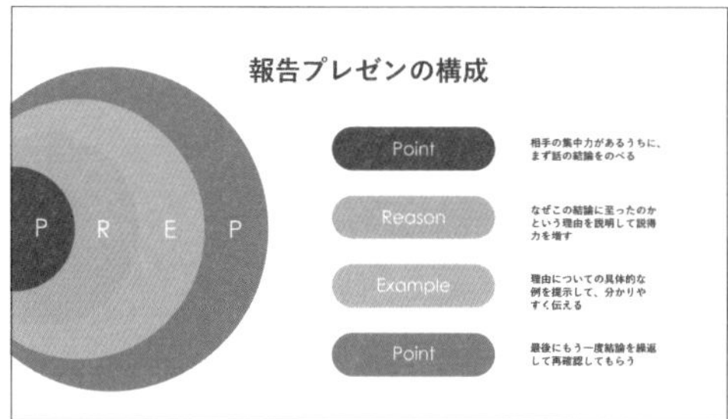

図3 PREP型のプレゼン構成例

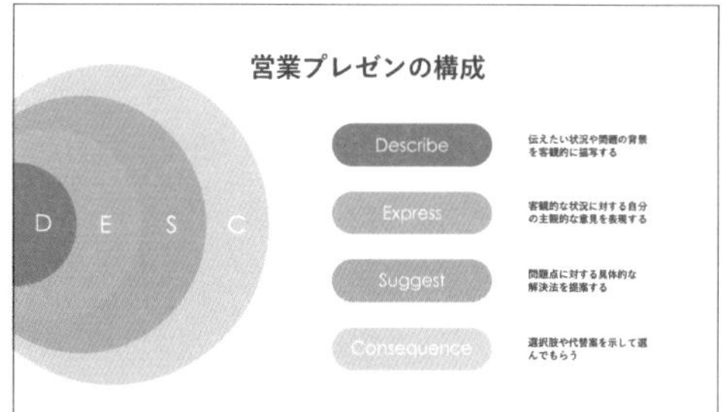

図4 DESC型のプレゼン構成例

●PREP型の構成例：
働き方改革の社内提案プレゼン

○主張：フレックスタイム制度の導入によって、社員の生産性が向上します。

○理由：社員が自分に合った働き方を選択できることで、効率的に仕事をこなすことが可能になるからです。

○具体例：A社では、フレックスタイム制度を導入した結果、社員の満足度が向上し、生産性が20%増加しました。

○主張：フレックスタイム制度の導入によって、社員の生産性が向上します。

DESC型

DESC型の構成は、まず現状や問題を説明した後、それに対する感情や評価を表現、解決策や改善策を提案し、最後に提案がもたらす結果や影響を示します 図4 。これにより**問題の説明から提案までを明確に伝える**ことができ、聴衆が状況を理解しやすくなります。また、**提案の結果や影響を示す**ことで、その重要性や優先度を強調し、説得力を高めることができます。

●DESC型の構成例：
顧客満足度向上のためのサポート体制改善の提案プレゼン

○説明：最近の顧客満足度調査で、当社のサポート体制に関する不満が多く寄せられています。

○表現：これは深刻な問題であり、改善しなければ顧客ロイヤリティに悪影響を及ぼす恐れがあります。

○提案：サポートスタッフの増員、新たなチャットボットの導入、迅速な対応を実現するための研修プログラムを実施することを提案します。

○結果：これらの提案が実行されると、顧客満足度が向上し、長期的には顧客ロイヤリティが高まり、結果として会社の収益にも寄与するでしょう。

TAPS型

TAPS型の構成では、最初に目標とする理

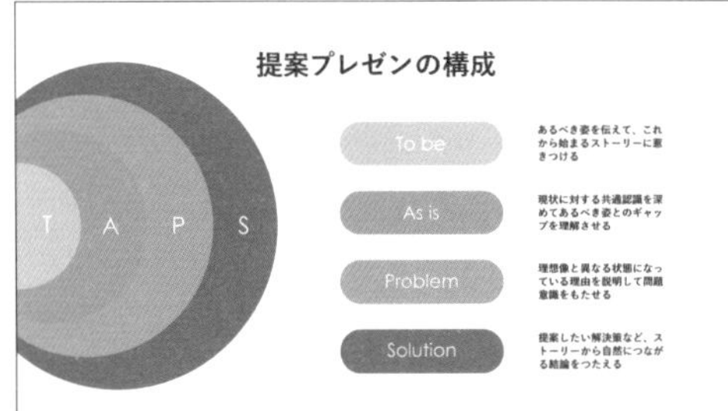

図5 TAPS型のプレゼン構成例

想の状態を示し、次に現状とその間にある問題点をあきらかにし、最後に解決策を提案します 図5 。理想像と問題点をあきらかにすることで改善の必要性が伝わり、提案された解決策に対する理解と支持が得られやすくなります。

●TAPS型の構成例：
製品開発プロセスの改善提案プレゼン

○理想像：製品開発プロセスを効率化し、市場投入までの期間を短縮することを目指します。
○現状：現在の製品開発プロセスでは、各部門間のコミュニケーションが不十分であり、プロジェクトの遅れが頻発しています。
○問題：コミュニケーションの不足により、プロジェクトの進捗が遅れ、市場投入までの期間が長くなってしまっています。
○解決策：各部門間の連携を強化するために、定期的なミーティングの実施、プロジェクト管理ツールの導入、およびクロスファンクショナルチームの活用を提案します。

　これらの内容を踏まえて構成案をまとめていきます。誰かを説得しようとするときには、**短い言葉で相手の芯をとらえられる**ように、必死で考えるものでしょう。プレゼンの場合も同様です。「人に何かを伝えたい」「協力してほしい」「世の中を変えたい」などの強い目的を持って人に行動を促す場合には、伝わりやすいスライド構成を考えましょう。そうすることで、相手と自分の気持ちを合わせ、重要なポイントを伝えることができます。

GPT-4を使用した構成案の作り方

　これまで構成案はヒトが考えて、Excelなどのスプレッドシートに手作業でまとめていました。しかしAIの登場により、テーマを入力するだけで様々な構成案が一瞬で作れる時代になりました。構成を考える作業はAIが得意とする分野です。GPT-4を使用した構成案の作り方についてはChapter4（→P.119~）で詳しく解説していきます。

07 スライドのレイアウトとリデザイン

構成案が決まったら、テーマに沿って情報量を絞り込んだコンテンツを、どのようにレイアウトするかを決めていきます。

スライドレイアウトの3パターン

レイアウト（配置）を決める過程は、**情報を整理・整頓**することともいえます。構成案で絞り込んだ情報を、適切に整頓してレイアウトを考えることで、ポイントとなる要素を目立たせ、理解しやすいスライドを作りましょう。

スライドの要素は、タイトルや説明文などの「**文字**」、写真やイラストなどの「**イメージ**」、データを視覚化した「**図解**」の大きく3つに分けられます。これをスライドの3要素と呼びます。ビジネススライドでは、これらの要素を使って、主に「**文字のみ**」「**イメージ+文字**」「**図解+文字**」のレイアウトを考えます。

「文字のみ」のレイアウト

「文字のみ」のスライドは、リスト、箇条書き、見出し、本文など、**文字情報を中心に伝えたいとき**に使用されます 図1 。具体的には、議題やアジェンダの提示、簡潔な要点の整理などに適しています。スライド構成の中では「タイトル・まとめ・結論」で、重要な文字情報に注目させるためによく使われます。「文字のみ」のスライドを多用すると情報が多くなる傾向があり、視覚的な魅力に欠ける恐れがあります。

図1 「文字のみ」のレイアウト

「イメージ+文字」のレイアウト

「イメージ+文字」のスライドは、写真やイラストなどのイメージと文字情報を組み合わせて作ります 図2 。イメージは視覚的な印象を強く与え、**文字情報を補完する役割**を持つので、商品紹介やイベント報告、事例紹介や成功事例の共有、エモーショナルなメッセージの伝達などに適しています。スライド構成の中では「ビジョン・未来」で、言葉では語りつくせないイ

図2 「イメージ+文字」のレイアウト

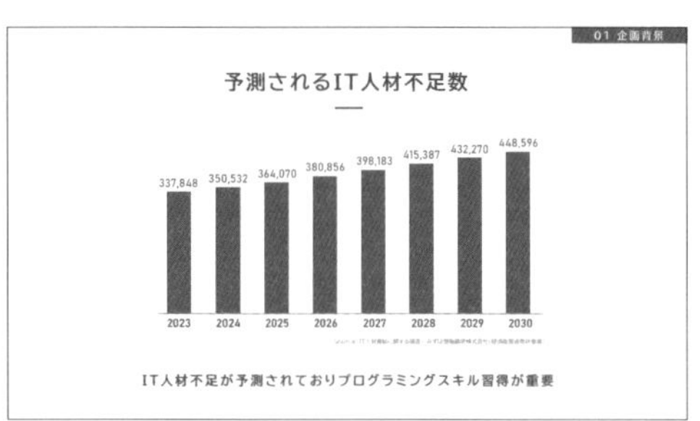

図3 「図解+文字」のレイアウト

メージを伝えて、視覚的な魅力で聴衆の興味をひきつけたいときなどに使われます。イメージの選択時には、**本文のメッセージと関連性があるもの**を選ぶことが重要です。

「図解+文字」のレイアウト

「図解+文字」のスライドは、図解、インフォグラフィック、グラフなどで**視覚化されたデータと文字情報を組み合わせて**作ります 図3 。図解を使えば、**文字情報よりも直感的に理解できる形**で伝えることが可能になります。具体的には、データや統計情報の提示、プロセスや手順の説明、比較や相関関係の分析などを伝えるのに適しており、スライド構成の中では、ボディ部分の「概要・詳細」を伝える際によく使われます。図解を使用する際は、スライド内の情報を整理して聴衆が見やすい形で視覚化することが重要です。

データの視覚化

データは「図解」「インフォグラフィック」「グラフ」「チャート」などの形で視覚化することで、情報をわかりやすく伝えることができます。それぞれの特徴や役割について混同しやすいので、ここで簡単に定義をまとめておきます。

・図解(Diagram)
複雑な情報や概念やプロセスを簡潔に表現して理解しやすくするために用いられます 図4 。図解には、フローチャートやマインドマップ、組織図などがあり、抽象的な概念やプロセスを簡潔に表現することができます。

・インフォグラフィック(Infographic)
図解やグラフを含む、様々な視覚要素を組み合わせて作成されます 図5 。インフォグラフィックを使って情報の伝達を効果的かつ瞬時に行うことができるだけでなく、魅力的に表現することができるため、マーケティングや教育、報道など、多岐にわたる分野で利用されています。

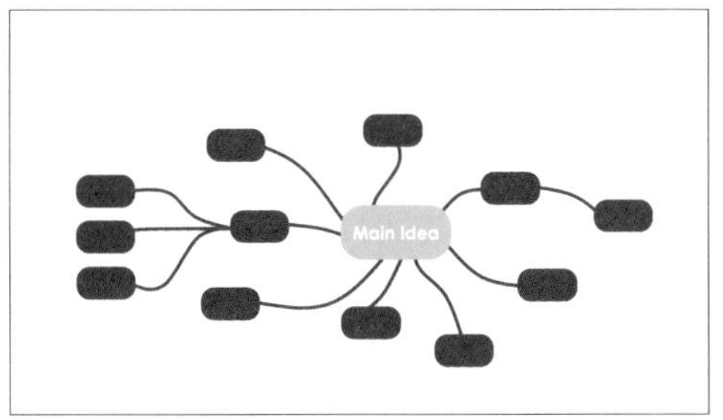

図4 図解の一例

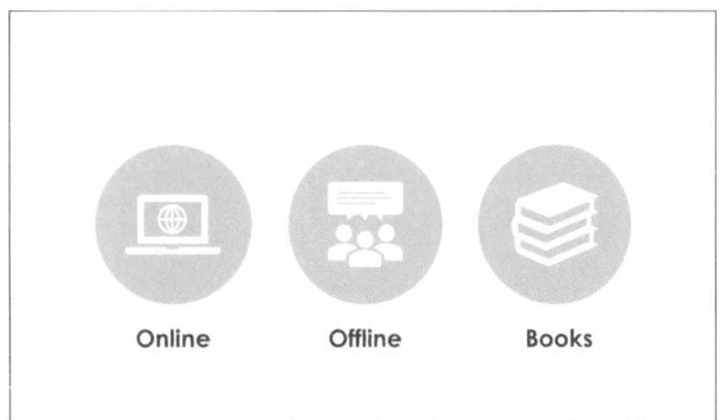

図5 インフォグラフィックの一例

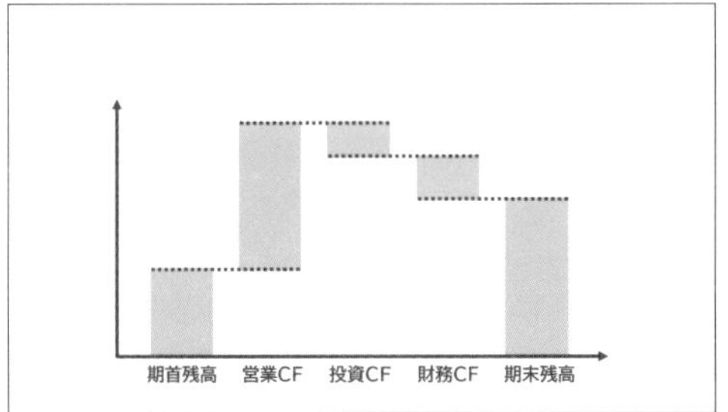

図6 グラフの一例

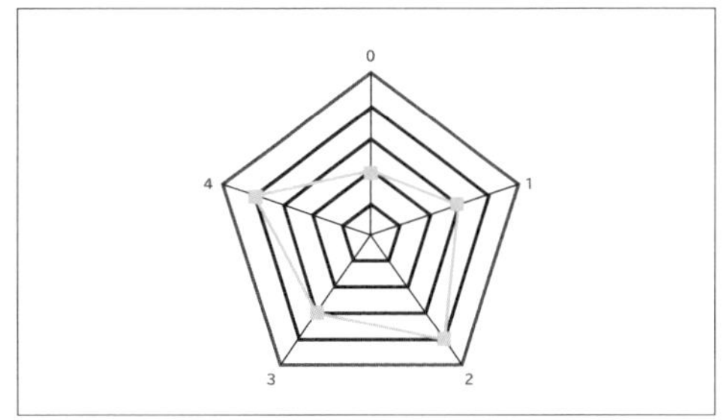

図7 チャートの一例

・グラフ(Graph)
数値データを視覚的に表現するために用いられます 図6 。グラフには、棒グラフ、折れ線グラフ、円グラフ、ヒストグラムなどがあり、データの比較や傾向、相関関係を視覚化することができます。

・チャート(Chart)
グラフの一種であり、データを視覚的に表現する方法です 図7 。一般的に、「グラフ」と「チャート」は、同じものを指す言葉として使用されますが、チャートは、より広範なデータの視覚表現を含む場合があります。

レイアウト作成時の注意点

それぞれのレイアウトには特徴と適した用途がありますが、プレゼン全体から見た適切なバランスでこれらを組み合わせましょう。レイアウトを作成するときに以下の点に注意することで、わかりやすく、魅力的なスライドを作ることができます。

・メッセージを明確にする
構成案の作成でも「1スライド1メッセージ」としてお伝えしましたが、スライドのメッセージが明確であることを再度確認しましょう。**聴衆が**

スライドを見ただけで、伝えたい情報がわかるようなスライドを作ることが重要です。

・文字数を絞り込む

情報を過剰に詰め込まず、シンプルなデザインやレイアウトを心掛けましょう。資料であればフォントが小さく、時間をかけて読むことができるため、長文での説明をしてもかまいません。しかし、スライドの場合は**投影しても見やすいようにフォントを大きくする**必要があり、プレゼン時間の制約もあります。スライド内の文章は、一瞬で理解できるような短くてわかりやすい簡潔なものにしましょう。

・視線を誘導する

スライド上で視線を誘導する要素を使用して、聴衆が重要な情報に焦点を合わせることができるようにしてください。囲みや矢印を使って情報を図解化するだけでなく、配色やフォントを使用した視線の誘導も有効です。

これらの点に気をつけながら「文字のみ」「イメージ+文字」「図解+文字」のレイアウトを使い分けることで、聴衆に伝わる効果的なプレゼンを作成しましょう。

ビジュアルコミュニケーションを効果的に用いる

PowerPointなどのスライド制作ソフトはビジュアルコミュニケーションのツールともいわれますが、写真やイラストなどのイメージや、図解などで視覚化されたデータを含んだスライドが、文字だけのスライドよりもわかりやすくなるのはなぜでしょうか。

実は、コミュニケーションにおいて、文字だけで表すことができる内容（言語情報）が伝える情報の割合は7%、声のトーンや音声（聴覚情報）が38%、プレゼンターの表情やボディランゲージなど（視覚情報）が55%ということが、実験であきらかになっています。これを「**メラビアンの法則**」といい、感情や態度の伝達に関する研究から生まれましたが、プレゼンテーションにおいても参考になります。

視覚情報を含んだスライドがわかりやすい理由は、文字などの言語情報よりもイメージや図解などの視覚情報のほうが、**直感的に理解されやすく**、コミュニケーションにおいて重要な役割を占めるためです 図8。視覚情報を使用したスライドレイアウトを作れば、次の効果が期待できます。

・イメージを共有しやすくなる

聴衆に具体的なイメージを提供し、情報を視覚的に共有することができます。これにより、誤解や曖昧さが減り、理解が容易になります。

・スライドに集中してもらいやすくなる

視覚的に魅力的なスライドは、聴衆の注意を引き付けることができます。このため、言語情報だけのスライドに比べて、聴衆が最後まで飽き

株式会社 近森産業

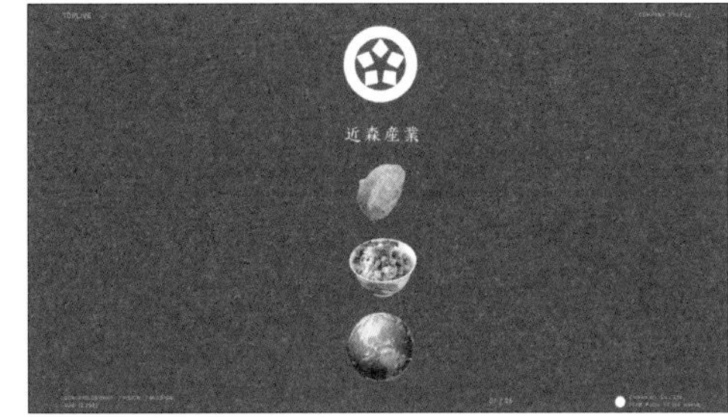

図8 文字だけで表現したもの（左）とビジュアルを用いたもの（右）　制作：re-presentation.jp（吉藤智広）

ずに集中してくれやすくなります。

・プレゼン内容を覚えてもらいやすくなる

視覚情報は、言語情報よりも記憶に残りやすいとされています。写真やイラスト、図解などの視覚要素を含むスライドは、聴衆が情報を長期記憶に留めるのに役立ちます。

GPT-4を用いたレイアウト案

これまでレイアウトもヒトが考えて、ノートなどの紙にイメージを書いて作っていました。しかしAIに構成案を入力すれば、各スライドで作るべき効果的なレイアウトについても、アドバイスしてもらうことができます。GPT-4に提案してもらったレイアウトを使ってスライドを作成する方法について、Chapter5（→P.167~）で作例を用いて解説します。

“メタボスライド”をリデザイン

ここまで、3節に渡って構成とレイアウトを作成する手順を説明してきました。しかし、実はプレゼンクリエイターの仕事で多いのがスライドの「**リデザイン（再デザイン）」の依頼**です。クライアントの担当者からも「現状のスライドを、もっとシンプルでわかりやすいスライドにしたい」という要望をよく頂きます。

前述したように、構成案とレイアウトの作成過程は**情報の整理・整頓の過程**ともいえます。構成案で整理した情報を、適切に整頓することで、わかりやすいスライドレイアウトを作ることができます。

しかし多くの担当者は、最初の「情報の整理」の部分、つまり**伝えるべき情報を取捨選択して不要な情報を捨てる**、という作業がうまくできません。

その結果、必要以上の情報が盛り込まれた「**メタボスライド**」が生まれてしまいます。こうしたスライドはプレゼン界ではタブーとされていますが、残念ながら現実世界では、このメタボスライドを多く見かけます 図9 。

セミナーのアンケートでも「自分のスライドがわかりづらいように感じるが、どのように修正す

図9 メタボスライド（左）とリデザインしたもの（右）

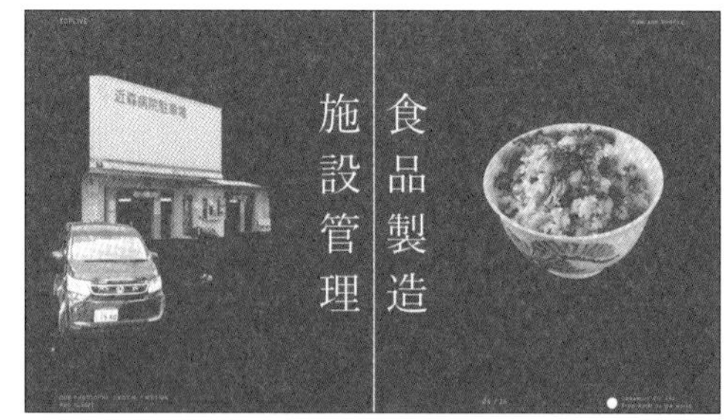

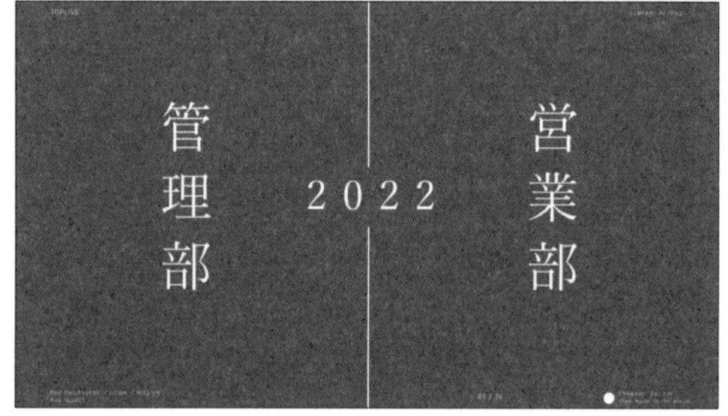

制作：re-presentation.jp（吉藤智広）

ればよいかわからない」というお悩みが多かったので、ここではスライドのリデザインの中でも大事なポイントになる「構成のリデザイン」の手順について説明します。

構成の「リデザイン」の手順

構成のリデザインでも、イチからプレゼン制作する場合と同様に、まずテーマを明確に決めて、あるべきプレゼン構成の姿を考えておく必要があります。テーマが決まっていない場合は、Chapter2-04（→**P.049**）に立ち返り「①テーマを決める」ところから始めましょう。テーマが決まったらChapter2-05「プレゼンのあるべき姿をイメージ」の項（→**P.056**）参考に、あるべきプレゼン構成の姿を考えてから、スライド枚数の絞り込み（情報の整理）に入ります。

情報を整理する

情報の整理とは、**不要な情報を捨てること**を意味します。ここでやるべきことは、「1スライド1メッセージ」を意識して、プレゼンのテーマを伝えるために必要十分な数にスライド枚数を絞り込むことです。では、スプレッドシートを使って実際に情報を整理していきましょう。

まず、メタボスライドを見ながら「S1、S2……」とスライド番号を縦に振り、その横にタイトルや内容がわかる短いメモを記載してリストを作り、プレゼンの全体像を把握します。ここで大事なのは、項目全体が一覧できるように、

構成リスト(Before)

ページ番号	カテゴリ	コンテンツ
1	タイトル	地域循環共生圏（日本発の脱炭素化・SDGｓ構想）
2		自立分散×相互連携×循環・共生
3		新たな価値とビジネスで成長を牽引する地域の存立基盤
4	人にやさしく魅力ある「交通・移動」システム	安心と利便性で高齢者や子育て世代に優しい移動手段
5		地域の魅力を引き出す交通システム
6	健康で自然とのつながりを感じる「ライフスタイル」	「モノ消費」から「コト消費」へのシフトで健康と豊かさと楽しさを
7		水の循環と調和する地域コミュニティ
8		ストックとしての豊かな自然とその恵みでグッドライフ
9		共感・感動創造（文化・芸術・歴史・スポーツ）
10		地域の魅力を引き出す交通システム
11	災害に強い「まちづくり」	気候変動影響による被害の回避・軽減（適応）
12		防災インフラと自然の防災力の相乗効果
13		新興感染症への備え
14		災害時でも安心感のあるインフラ・エネルギーシステム
15	多用なビジネスの創出	地域課題解決型のビジネス
16		地域経営型のエネルギービジネス　地域資源活用型観光ビジネス
17		地域金融・ESG金融・地域ファンドによるビジネス支援
18	自律分散型の「エネルギーシステム」	エネルギーの地産地消と地域間融通
19		地域再エネビジネスを支えるシステム
20		「Society5.0」と人の生産性向上が創る「地域循環共生圏」
21		デジタル技術による次世代・高品質　基幹送電網
22		IoT等による経営資源・製品等の次世代流通網

図10 情報を整理したスプレッドシート

構成リスト(After)

スライド#	カテゴリ	コンテンツ	
1	表紙	地域循環共生圏（日本発の脱炭素化・SDGｓ構想）	S1
2	概要	地域循環共生圏	New
3	詳細1	人にやさしく魅力ある「交通・移動」システム	S4-5
4	詳細2	健康で自然とのつながりを感じる「ライフスタイル」	S6-10
5	詳細3	災害に強い「まちづくり」	S11-14
6	詳細4	多用なビジネスの創出	S15-17
7	詳細5	自律分散型の「エネルギーシステム」	S18-19
8	詳細6	「Society5.0」と人の生産性向上が創る「地域循環共生圏」	S20
9	概要	自立分散×相互連携×循環・共生	S2
10	結論	新たな価値とビジネスで成長を牽引する地域の存立基盤	S3

図11 捨てるべき項目と残す項目を色分けする

1枚のスプレッドシートにすべての情報を収めることです。できたら、リストの上に「構成リスト(Before)」と記載します。

同様に、あるべきプレゼンの姿からリストを作り「構成リスト(Before)」の右側に並べます。こちらのリストには「構成リスト(After)」と記載します。そして、現状の構成である「構成リスト(Before)」とあるべき構成である「構成リスト(After)」を比較してみましょう 図10 。

現状の構成でリスト化したスライド枚数が、あるべき構成でリスト化した枚数より大幅に多い場合は、本当に必要なスライド以外すべて捨てる必要があります。人間には、モノや情報を捨てる際に本能的に恐怖を感じる性質がありますが、あるべき構成を信じて、捨てるべきスライドを決めます。

スライド枚数を絞り込む

「構成リスト(Before)」のうち、捨てるべきスライド項目が決まったら、グレーでハイライトします。スライドが多すぎてどれを捨てるべきか判断しづらい場合は、まず「構成リスト(Before)」から複数の類似したスライド項目に同じ色(淡い色を選びます)でハイライトして、内容ごとにわかりやすくグルーピングした後、その中で内容が重複しているものや重要度の低いスライドを選んでグレーでハイライトします。

「構成リスト(Before)」のうち、グレーでハイライトされずに残ったスライド項目を、旧スライド番号と共に「構成リスト(After)」に移します。必要な項目のうち、新たにスライドを作る必要がある項目には、新規作成の必要性がわかるように黄色でハイライトしておきます 図11 。

スライド枚数が19枚以下など、簡単な構成の場合は、スプレッドシートでまとめずに、PowerPointなどのプレゼンソフト上で不要なページを削除してもかまいません。この場合、誤って削除しすぎても問題ないように、念のため現状のファイルのコピーをパソコンに保存しておきましょう。取捨選択の際に追加するページがあれば、白紙のスライドを追加してタイトルを記入しておいてください。

“メタボパワポ”が量産される理由

伝統的な日本企業では、「加点主義」でなく「減点主義」で人事評価がなされることがよくあります。このような評価のもとでは、「情報を取捨選択した見やすいスライドを作って結果を出す」ことよりも、「情報を雪だるま式に増やして失点を防ぐ」ことにインセンティブが働きがちです。

また、先にも述べたように日本の学校教育ではまだまだプレゼンする機会が少なく、学生時代にプレゼン用スライドを作って発表する経験もあまりないまま社会人になる人が多いものです。こうした事情が、メタボスライドが生まれる原因として挙げられるでしょう。

プレゼンのゴールがわからないので不安になり、あれもこれも情報を詰め込んだ結果、自分でも何を伝えたいのかわからないスライドができて、さらに苦手意識が増す……このような悪循環に陥っている人も少なくありません。

今まで経験のないことに取り組むのは勇気がいりますが、苦手意識を断ち切るためにも、周りの評価を気にしすぎず、自分自身の考えや信念に基づいてスライド制作に向き合いましょう。情報を減らしてプレゼンがうまくいかなければ改善すればよいだけなので、トライ&エラーを繰り返しながら、自分らしいスライドを完成させてください。

プレゼンを作る5ステップ ③デザインを決める

ノンデザイナーでもスライドをセンスよくデザインするのに役立つ「デザインの4原則」と「デザインコンセプト」について解説します。

「デザイン4原則」を使って機能的で美しいスライドを作る

スライドデザインでは、**意味を伝える「機能」と聴衆を魅了する「魅力」**が重要です。まず機能的なデザインのための「デザイン4原則」図1から押さえましょう。

①情報の強調

要素が類似するのを避けるため、異なる要素にははっきりした見た目の違いをつけ、**情報の優先順位**をわかりやすくしましょう図2。

スライド制作に限らず文章を作成する場合は、タイトル・見出し・本文・などの要素の階層ごとに強調したり、要素によって強弱をつけたりすることで、**文章の構造がひと目でわかる**ようにします。

そのためには、まず書きたいことを整理して箇条書きにするとよいでしょう。要素に応じた強調がされていない文章は、タイトル・見出し・本文などの階層がわかりづらく、個々の意味も把握しづらいものになります。強調の具体的な表現例には、フォントウェイト（文字の太さ）、フォントサイズ（文字サイズ）、フォントカラー（文字色）などがあります。

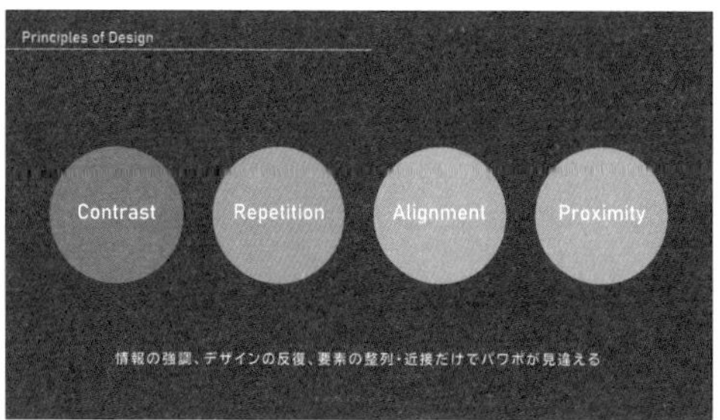

図1 デザインの4原則

デザイン4原則とは

強調

パワポ要素（文字・図解・イメージ）同士が類似するのを避けるために、異なる要素をはっきりと異ならせることをいいます。優先度の高い情報を強調することで聴衆にとって分かりやすいスライドをつくり、情報をより明確に伝えることができます。

反復

デザインの視覚的要素をスライド全体を通じて繰り返すことです。色、形、テクスチャー、位置関係、線の太さ、フォント、サイズ、画像のコンセプトについてルールを定めて反復させることで、パワポ全体のまとまりや一体感を生み出します。

整列

パワポ要素について縦横の線を揃え、すべての要素がほかの要素と視覚的な関連をもつようなレイアウトを考えて意図的に配置することです。聴衆は、秩序に基づいて整列した情報を見て、機能的で洗練されていると感じます。

近接

互いに関連する要素を、近づけてグループ化することです。いくつかの要素が互いに近接している場合に、それらは複数の個別ユニットではなく、ひとつの視覚的ユニットとして認識されます。このグループ化により、情報を組織化して、明確な理論構造を聴衆に伝えることができます。

図2 強調によって文章の構造をわかりやすくする

②デザインの反復

反復とは、**デザインルールを決めて視覚的要素を繰り返す**ことです。反復によって、全体の統一感を生み出すことができます 図3 。

プレゼンファイルは、複数枚のスライドから成り立っています。そのため、各スライドのデザインにこだわるだけでなく、全体の統一感にも気を配ってデザインしなければなりません。このときに重要になるのが、**一定のデザインルールを各スライドに繰り返して適用**することです。特に、デザインを印象付けるあしらいにこうした反復を用いると、効果的に全体の統一感を高めることができます。

なお、デザインルールを決める前にスライドのサイズを決めておきましょう。スライドのサイズは実際にプレゼンする場面に合わせて決めますが、特に制限のない場合や、様々な場面で使用することが想定される場合は、「16:9」に設定するとよいでしょう。反復の具体例には、図形を使ったあしらいの他、配色、文字などがあります。

③要素の整列

整列とは、文字・図解・イメージの**3要素の縦横を揃える**ことです。スッキリと整った見た目が、美しさとわかりやすさを高めます 図4 。

プレゼンの聴き手は、秩序正しく整列したスライドを目にすると、美しくわかりやすい印象を感じます。そのためには、文字などの縦横のラインを揃えて整列させることが欠かせません。文字を整列させる際は、各テキストボックスの文字数を同じ量に調整し、見出しや本文の文字を左揃えにします。縦横のラインを揃えた上で、**「文字の配置」「行間」「余白」などの設定も揃える**と、さらに見た目が洗練されます。

④要素の近接

近接とは、**関連する要素を近づけてグループ化**することです。こうして**情報を組織化**すれば、意味の構造がわかりやすくなります 図5 。

イメージと文字などが関連している場合、それらの要素を近接させてグループ化すると、それだけで意味が明確になります。例えば、スラ

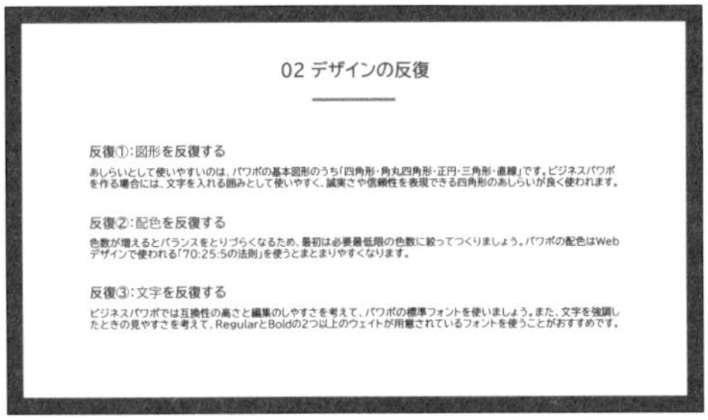

02 デザインの反復
反復①:図形を反復する
あしらいとして使いやすいのは、パワポの基本図形のうち「四角形・角丸四角形・正円・三角形・直線」です。ビジネスパワポを作る場合には、文字を入れる囲みとして使いやすく、誠実さや信頼性を表現できる四角形のあしらいが良く使われます。
反復②:配色を反復する
色数が増えるとバランスをとりづらくなるため、最初は必要最低限の色数に絞ってつくりましょう。パワポの配色はWebデザインで使われる「70:25:5の法則」を使うとまとまりやすくなります。
反復③:文字を反復する
ビジネスパワポでは互換性の高さと編集のしやすさを考えて、パワポの標準フォントを使いましょう。また、文字を強調したときの見やすさを考えて、RegularとBoldの2つ以上のウェイトが用意されているフォントを使うことがおすすめです。

図3 デザインを反復して統一感を高める

事例発表
部門名
改善事例01
事務書類の削減
Google Workspaceを活用して、これまで紙で行っていた業務をWeb上で行うことで、業務時間と経費削減につながった。
改善事例02
挨拶動画の撮影
アルバイト・パートを含む全従業員の挨拶動画を撮影することで、現場レベルで分離礼を基本から学び直し、接客力の向上に役立てた。
改善事例03
日々の環境整備
長期間にわたり環境整備を行わず、報告もしていない部署があったため、リモートで画像を共有しながら毎日確実にできる仕組みにした。

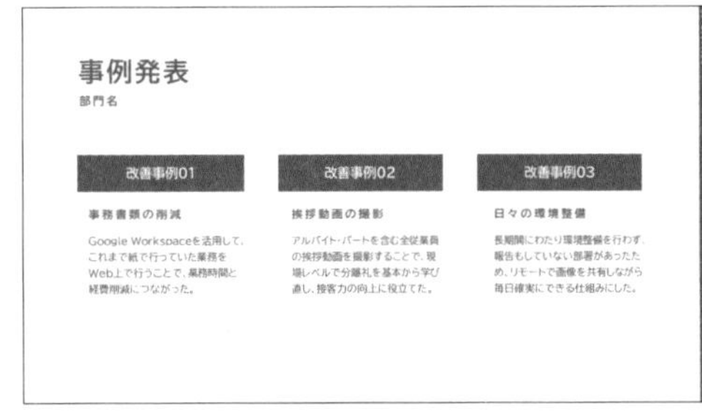

図4 要素を整えて見た目を向上させる

図5 関連要素を近づけて意味を明確にする

イドに人物などの複数のイメージを挿入し、それぞれのイメージにその名前を添える場合、イメージと名前が離れていると、関連性が不明確になってしまいます。イメージと名前が近接していれば、イメージに写っている人物がその名前であるのだとすぐにわかるでしょう。

テーマに合った「デザインコンセプト」を作る

「デザイン4原則」を理解できたら、聴衆をどのように魅了するかを考えて「デザインコンセプト」を作りましょう。本書ではデザインコンセプトをプレゼンテーマに沿った配色やフォントを選び、魅力的なスライドをデザインすること、と定義しています。

これまで確認してきた「デザイン4原則」は、機能的なデザインを高めるためのものです。しかしプレゼンでは、このような「機能」だけでなく、**聴衆を魅了する「魅力」**も欠かせません。魅力を高めるために、**センスのいい配色やフォント**を使ってデザインコンセプトを作る必要があります。

セミナーなどで「センスのいいデザインとは何か」という質問をいただくことも多いのですが、「センスのいい」デザインとは「**余計なものを加えない**」ことです。センスがよく魅力的なスライドデザインを作るためのポイントはいくつかありますが、ここでは特に重要な、配色とフォントについてご説明します。

スライド全体の印象を左右する配色

まず、**スライドのテーマに沿った配色**を決めましょう。スライド全体の印象を左右する重要な要素の1つが配色です。よかれと思って色数を増やした結果、かえって注目すべきポイントがわかりづらくなってしまう、スライドデザインの失敗例はとても多く聞かれます。

一般的に、ビジネス資料はグレートーンにアクセントカラーを加えるだけで作るほうがわかりやすいといわれています。ここではビジネス資料でよく使われる配色パターンを4種類紹介します。

シングルカラー

1つの基本色を使用し、その濃淡を使ってデザインを構成する配色です 図6 。シンプルで統一感があり、落ち着いた印象を与えます。ブランドカラーや企業アイデンティティに沿ったデザインを作りたい場合や、視覚的なノイズを抑えたい場合によく使われます。

図6 シングルカラーの配色例

図7 トーンオントーンの配色例

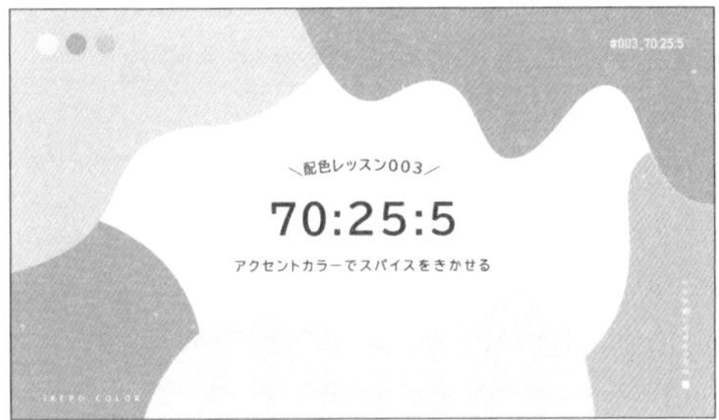

図8 「70:25:5」の法則を使った配色例

図9 マルチカラーの配色例

トーンオントーン

同じ色相の異なるトーン(明度や彩度)を組み合わせた配色で、統一感がありつつ、奥行きや立体感を演出できます 図7 。落ち着いた印象で、コーポレートカラーを使いながらも、情報の階層構造を明確にしたい場合などに使われます。

「70:25:5」の法則

「70:25:5」の法則は、インテリアやWebサイトの配色を決めるときなどにも使われるものです 図8 。モノトーンのベースカラーを70%、メインカラーを25%、アクセントカラーを5%の割合にしたバランスのよい配色で、情報を際立たせたい場合や、色の役割を明確にしたい場合などに使われます。

マルチカラー

複数の異なる色を組み合わせた、カラフルな配色で、個性的でエネルギッシュな印象を与えます 図9 。情報の違いを目立たせ楽しさを演出できるので、クリエイティブさをアピールしたい場合や若者に向けた明るい雰囲気のプレゼンを作る場合などに使われます。

スライド全体で使用するフォントを決める

フォントについてもよく質問をいただきます。プロのデザイナーは、複数のフォントをバランスよく組み合わせてデザインを作ることもありますが、ノンデザイナーが複数のフォントをバランスよく組み合わせるのは難しいため、**和文フォント1種類・欧文フォント1種類**を選んで使用するとよいでしょう。

スライド資料のよいところは後から誰でも情報をアップデートできるところです。いろいろな人のパソコンから資料をアップデートする可能性がある場合は、スライド制作ソフトに標準搭載されているフォントを使用しましょう。

おすすめの和文フォント

ここではPowerPointでスライドを作る際に便利なWindowsに標準搭載されているフォントから、おすすめの和文フォントを3つ紹介します。スライドは大きなスクリーンに投影することも多いので、遠くからでも読みやすいゴシック体を選ぶのが基本です。

すっきりしたユニバーサルフォントの「BIZ UDPゴシック」図10、クラシカルな「游ゴシック」図11、視認性の高い「メイリオ」でスライドの表紙を作ってみました図12。

どれも読みやすくて美しいフォントなので、この中からお好みのものを選びましょう。ちなみに、私は「BIZ UDPゴシック」を使うことが多く、自分がセミナーなどをする際のフォントはこちらを使用することが多いです。

図10「BIZ UDPゴシック」を使用

図11「游ゴシック」を使用

図12「メイリオ」を使用

おすすめの欧文フォント

次に、おすすめの欧文フォントを3つ紹介します。欧文フォントも、視認性の高いサンセリフ

図13「Bahnschrift」を使用

図14「Arial」を使用

図15「Century Gothic」を使用

図16「Segoe UI」を使用

体を選ぶのが基本です。

工業系フォントの「Bahnschrift（バーンシュリフト）」図13、汎用性が高く文字バランスのよい「Arial（エイリアル）」図14、幾何学フォントの「Century Gothic（センチュリーゴシック）」図15、「Segoe UI（シーゴーユーアイ）」図16を使ってスライドの表紙を作成してみました。

欧文フォントの場合は、Windowsに標準搭載されているフォントの種類も多く、他にも様々な使いやすくて美しいフォントがありますので、好みのものを1つ選びましょう。ちなみに、私はユニクロのロゴに代表される機能的なDIN系フォントが好きなので「Bahnschrift」を使うことが多いです。

AIツールで作るスライドのクオリティ

Chapter1-02（→P.031）で紹介した通り、AIによるプレゼンスライド作成ツールは当初、画像と文章の自動生成を組み合せたものが主流でしたが、最近ではスライドレイアウトまで作成可能なツールも登場しています。AIツールの進化は目覚ましく、「文字のみ」「イメージ+文字」のスライドだけであれば、不慣れなビジネスパーソンが作るよりもAIに任せたほうが、簡単にわかりやすいプレゼンスライドができる場合もあり得ます。

一方、「図解+文字」のスライドを含めたプレゼンスライドの作成は、まだAIプレゼンツールだけでは難しいといえます。GPT-4を用いて簡単な図解を作ることは可能ですが、現状では複雑な情報を抽象化する場合には、ヒトが作ったほうが、効率よくわかりやすいものを作成できます（図解デザインについては**P.181~190**の巻末付録を参照）。

09 プレゼンを作る5ステップ ④プレゼンを制作する

テーマ、構成、デザインが決まったら、いよいよプレゼン制作ソフトを開いてスライド制作に取り掛かりましょう！

パワポを開いて プレゼンを制作しよう

プレゼンスライドの制作にはどんなソフトやツールを使ってもかまいませんが、ここでは日本で最もよく使われているプレゼン制作ソフトの1つ、**PowerPoint（パワポ）を使ったプレゼンスライドの制作**について解説します。

配色やフォントなど、スライド全体を通して用いるデザインコンセプトが決まったら、レイアウト案に従って、具体的な写真やイラストを選定します。

ビジネススライドで 汎用性の高い写真のパターン

ここからは、パワポをセンス良く見せるために、使いやすい写真やイラストのパターンを紹介します。まずは、ビジネススライドでよく使われる写真の例です。

会議

会議中の人たちの写真を効果的に使うことによって、社内の円滑なコミュニケーションや良好な人間関係を想起させることができます。特に、採用プレゼンや統合報告書など、社内のビジネスについて活発な議論がされている様子や、アットホームな仕事環境をイメージさせたいときに使うとよいでしょう 図1 。

建物

採用パワポや営業パワポなどで会社を紹介するスライドではもちろん、研修や会社紹介などビジネススライド全般において、高層ビルの写真がよく使われます 図2 。資金調達の場面でも色数を抑えた建物写真を使うことで、安定や信用といった業務拡大に必要なイメージを与えることができます。

机の上

デスクトップの写真は、採用プレゼンのスライドの他、研修プレゼンのスライドやマニュアル資料など、仕事の内容や手順を説明する場面でよく使われます。PCや文房具の他、コーヒーや観葉植物などの温かみのある小物を加

図1 会議中の写真を使ったスライド例

図2 建物の写真を使ったスライド例

図3 デスクトップの写真を使ったスライド例

図4 人物の写真を使ったスライド例

えることにより、仕事しやすい環境が整えられていることを表現できる効果もあります 図3 。

人物

人物の写真は、発表や採用プレゼンのスライドの冒頭などでプレゼンターが自己紹介をするときなどに使用されます。スーツ姿できめた写真や、プライベートの姿など、写真の印象でその後のプレゼンへの注目度が変わることもあります。プレゼンターの他、役員やスタッフなど社内の人物や、外部のキーパーソンを紹介する場面でも使われます 図4 。

ビジネススライドで汎用性の高いイラスト例

続いては、ビジネススライドでよく使われるイラストの例です。

フラットイラスト

シンプルでカラフルなデザインで、立体感や陰影が省かれているのが特徴です 図5 。見やすく、モダンで洗練された印象を与えます。フラットイラストは、クリーンでプロフェッショナルな雰囲気を演出したい場合や、抽象的な概念やアイデアを視覚的に表現する場合によく使

図5 フラットイラストを使ったスライド例

図6 線画イラストを使ったスライド例

図7 ピクトグラムを使ったスライド例

図8 アイソメトリックを使ったスライド例

われます。

線画

細い線で描かれたイラストで、シンプルな構図とデザインが特徴です 図6 。色はあまり使わず、主に白黒で表現されます。シンプルで軽やかな雰囲気を出したい場合や、テキストや他の要素と調和させたい場合によく使われます。

ピクトグラム

人物や物事をシンプルで分かりやすいシンボルで表現したイラストです 図7 。汎用性が高く、文化や言語を超えて理解しやすいのが特徴です。直感的な視覚表現が必要な場合や、国際的なビジネスで共通理解を促進したい場合に、よく使われます。

アイソメトリック

等角投影法を用いた立体的なイラストです 図8 。3Dのような立体感があり、ディテールに富んでいるのが特徴です。クリエイティブなビジュアル表現が求められる場合や、プロセスやシステムを視覚的にわかりやすく説明したい場合に、よく使われます。

画像ファイルの4形式

美しく扱いやすいスライドを作るために、写真やイラストの用途によって画像ファイルの種類を使い分けましょう。以下の画像ファイルはよく使うので、特徴について知っておくと便利です。

JPG（ジェイペグ）

圧縮されたビットマップ形式で、写真やグラデーションを含む画像に使用されます。画質とファイルサイズのバランスが良く、サイズを軽くしたいときに使われますが、圧縮してデータサイズを軽くするため、編集のたびに画質が若干劣化する可能性があります。

PNG（ピング）

圧縮されたビットマップ形式で、透過機能があります。圧縮時に画質が劣化しないロスレス圧縮が特徴で、シャープなエッジやテキストが含まれる画像に使え、背景を透明にするなど透過機能が必要な場合も便利です。

SVG（エスブイジー）

ベクター形式の画像ファイルで、拡大・縮小しても画質が劣化しないのが特徴です。主にイラストやアイコン、図形などのシンプルなグラフィックに使用されます。写真には使えませんが、背景透過も可能です。

GIF（ジフ）

圧縮されたビットマップ形式で、アニメーションが可能なファイル形式です。色数が256色までと軽いため、シンプルな色調の画像やアイコンに使用するのがよいでしょう。透過機能もあります。

AIはスライド制作に役立つか

現状ではAIでスライド制作を自動化するところまではいっていませんが、GPT-4を使うことで、タイトルの他、ビジョンや偉人の言葉など、スライドでよく使うメッセージ案をたくさん提案してもらうことができます。

また、スライド内の文章を作成する際にもシンプルで明確な文章を簡単に生成することができ、スライド制作の時間を短縮することができます。AIを活用したパワポ制作の手順はChapter5（→P.167～）で解説していきます。

10 プレゼンを作る5ステップ ⑤完成度を高める

5ステップの最後に、完成したプレゼンを改善していくノウハウをお伝えします。プレゼンと同時にプレゼンターの魅力も重要になります。

聴衆の好みを考えてカスタマイズ

プレゼンテーションを行った経験がある方は、**相手の反応**を思い出してみてください。「自分はよいと思って作ったプレゼンの内容が、人によってあまり伝わらない」とか、「チーム内での反応はよかったものの、外部の人やお客様にプレゼンすると反応が薄い」とか、「相手によっては思った反応が得られない」といった経験はありませんか?

みんなに興味を持ってもらうプレゼンをするのは難しいと感じる方も多いはずです。しかし、脳科学の知識を活用することで、**みんなに「刺さる」スライド**をデザインすることも不可能ではありません。

ここで重要になるのは、人間は一人ひとり脳の使い方が異なるということです。例えば右利きの人と左利きの人がいるように、脳にも「利き脳」というものがあります。この利き脳は遺伝的要素と後天的要素によって作られ、人々の思考特性となって現れます。

脳科学に基づくプレゼンのブラッシュアップ

米国ゼネラル・エレクトリック社のネッド・ハーマン氏が提唱したハーマンモデル(HBDI: Herrmann Brain Dominance Instrument)によれば、人間の脳は4つの異なるタイプに分けられます 図1 。これらのタイプは、各々異なるプレゼンに対する好みを持っています。以下に、各タイプの脳の特徴と、それぞれのタイプが好むプレゼン傾向を説明します。

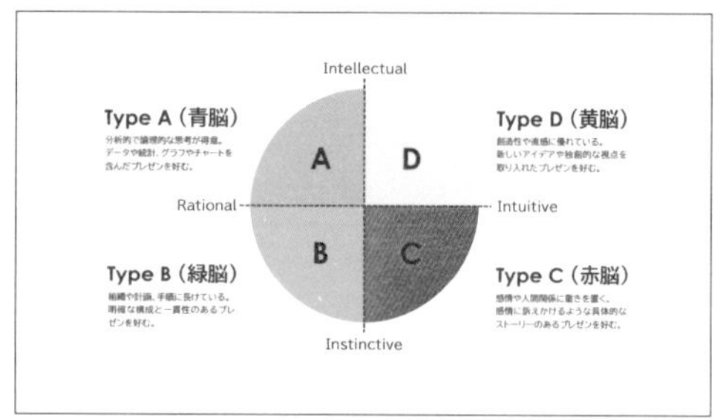

図1 ハーマンモデルの4つのタイプ

Type A（青脳）

青脳は、分析的で論理的な思考が得意なタイプです。彼らは、データや統計、グラフやチャートを含む情報に基づいたプレゼンを好みます。また、事実に基づいた具体的な情報や、その根拠が示されたプレゼンを、理解しやすいと感じます。

Type B（緑脳）

緑脳は、組織や計画、手順に長けたタイプです。彼らは、明確な構成と一貫性のあるプレゼンテーションを好みます。また、具体的な手順や実行可能な計画が提示されるプレゼンを、理解しやすいと感じます。

Type C（赤脳）

赤脳は、感情や人間関係に重きを置くタイプです。彼らは、感情に訴えかけるようなプレゼンを好みます。また、具体例やストーリーを通じて伝えられるプレゼンを、理解しやすいと感じます。

Type D（黄脳）

黄脳は、創造性や直感に優れたタイプです。彼らは、新しいアイデアや独創的な視点を取り入れたプレゼンを好みます。また、革新的なアイデアや独自の視点を提示するプレゼンを理解しやすいと感じます。

実際には利き脳は1つではなく、2～3つの利き脳が組み合わさっていることが多いのですが、個人や組織の思考特性を知ることで「刺さるプレゼン」を作ることができます。

プレゼンする相手が1人または少数の同質のメンバーからなるグループであれば、相手の利き脳を予想して好みのプレゼンスライドを作ることで、プレゼンの成功率を上げることができます。不特定多数の人にプレゼンする場合は、4つの脳すべてが好むポイントを意識してスライドを作ることで、自分の想いが相手に伝わりやすくなるでしょう。

プレゼンテーションの練習をする

プレゼンが完成したら、本番前に必ずプレゼンテーション（発表）の練習をしましょう。練習は、プレゼンの成功にとって重要な要素です。リハーサルを通じて、発表の流れやタイミングを把握し、改善することができます。実際に練習を何度も繰り返し、自信を持って発表できるようになりましょう。

プレゼン慣れしていない場合や、自分の発表スタイルを客観的に評価したい場合は、スマートフォンの前で通しで発表を行い、その様子を**動画で撮影**して確認しましょう。動画を見ると、**自分の癖や改善点**がわかりやすくなります。例えば、話し方の速さや声の大きさ、身振り手振りなどをチェックできます。

また、全体を通しで練習してみることで、**自分の話すスピード**がわかり、時間管理にも役立ちます。プレゼンテーションの時間はなるべく適切に管理することが重要です。発表時間を超えないように、内容の調整やリハーサルを行いましょう。また、予定された時間内でスムーズに進めることが、忙しい中参加してくれた聴衆にとってもストレスフリーなプレゼンとなります。

さらに、プレゼンのペーシングとスライド切替えのタイミングに気を配ることも大切です。動画で自分のプレゼンを聴いてみてわかりづらい部分があれば、**話す速さを適切に調整**し、ポイントごとに適切な間を持つことで、実際のプレゼンでも聴衆に情報を整理する時間を与えることができます。

プレゼンターとしての魅力をアップさせる

プレゼン当日を迎えたら、リラックスした態度で臨みましょう。プレゼンを成功させるためには、印象をアップし、メッセージの伝わり方を向上させるためのテクニックを使うことも有効です。様々な方法がありますが、ここでは「信頼感を与えるテクニック」と「安心感を与えるテクニック」に分けて3つずつ紹介しますので、自分が得意なものから取り入れてみてください。

信頼感を与えるテクニック

①落ち着いたトーンで話す

プレゼンターの印象を作る、声のトーンや抑揚は非常に重要です。一定の音量で話すことで、聴衆に安心感を与え、メッセージが伝わりやすくなります。また、抑揚をつけて話すことで、話の興味を保ち、聴衆を飽きさせないプレゼンになります。

②堂々とした態度で臨む

プレゼンターの態度は、聴衆が話に集中するかどうかを左右します。ポジティブな態度を持ち、エネルギッシュに話すことで、聴衆に興味を持ってもらいやすくなります。また、堂々とした態度でプレゼンすれば、自分のメッセージに自信を持っていると感じさせることができます。

③身だしなみを整える

プレゼンターとして清潔感のある身だしなみをすることで、自分に自信を持ち、聴衆に対して尊敬と信頼を示すことができます。例えば、ビジネスシーンでは、スーツやブラウスを着用し、髪型や化粧も整えることで、誠実な印象を与えることができます。

親近感を与えるテクニック

①聴衆の顔を見ながら話す

プレゼンターが聴衆と目を合わせて話すことは、コミュニケーションの基本になります。一人ずつ顔を見ながら話すことで、聴衆に対する敬意や関心の気持ちを表すことができます。また、聴衆の反応を読み取って、適切な内容やペースでプレゼンを運ぶことができます。

②身振り手振りを交えて話す

身振り手振りなどのジェスチャーを適切に

使用することで、言葉だけでは伝えづらいニュアンスや感情を表現することができます。例えば、項目を列挙して説明するときに指で数字を作りながら説明することで、重要なポイントを視覚的に伝えることができます。

③個人的なエピソードを交えて話す

プレゼンテーションでストーリーテリングを活用することは、聴衆の興味を引き、記憶に残りやすいメッセージを伝える上で効果的です。事例やエピソードを交えて話すことで、聴衆が感情移入しやすくなり、理解も深まります。

聴衆の反応をもとに プレゼンを改善し続けよう

プレゼンが終わったら、フィードバックをもとに改善していきます。これにより次回のプレゼンテーションの質を向上させ、自分自身のスキルを磨くことができます。改善の手順は次の通りです。

①フィードバックを収集する

プレゼンが終わったら、聴衆や同僚、上司などから具体的なフィードバックを収集してください。質問やコメントがあった場合は、それも改善の手掛かりになります。また、オンラインプレゼンなどで録画が可能であれば、動画をチェックして自分のプレゼンを客観的に振り返りましょう。

②改善ポイントを洗い出してメモする

フィードバックをもとに改善ポイントをリストアップしましょう。例えば、話す速さや声の大きさ、身振り手振り、スライドのデザインや内容などの具体的なポイントを台本にメモします。改善ポイントが多い場合は全部直さなくても大丈夫です。優先順位をつけて上位の3つから取り組みましょう。

③次のプレゼンに活かす

同じプレゼンを何度も行う場合は、台本にメモした改善ポイントに気をつけながら、次のプレゼンに挑みます。定期的にフィードバックを得て小さい改善を繰り返すことでプレゼン力が上がり、成功体験が増えて楽しみながら発表できるようになっていくはずです。プレゼンスキルは、一度身につけると様々な場面で活かすことができる財産になるので、ぜひ積極的に取組んでみてくださいね。

Column

Canvaを使ってスライドを作ってみよう

オンラインデザインツール「Canva（キャンバ）」図1 をご存知でしょうか？若い世代を中心に、SNSのバナーや投稿画像だけでなく、プレゼン用のスライドやWebサイトをCanvaで作る人が増えています。

これまで学校や職場では、PowerPointを使ってスライド資料を作ることが一般的でしたが、最近ではCanvaで作ったプレゼンテーションファイルをKeynoteで開いたり、CanvaからPowerPointファイルとしてしてダウンロードして編集したりといったように、複数のアプリを横断したプレゼンスライドの作成が可能になりました。

Canvaには、プレゼンスライドにも利用できるおしゃれなテンプレートが豊富に揃っています。普段はPowerPointを使っていてCanvaの操作に慣れていないという方は、PowerPointの形式でCanvaのテンプレートをダウンロードしてみるのをおすすめします。使い慣れたPowerPointで編集できれば、Canvaのテンプレートを様々な場面で使えるようになり、表現の幅が広がります。また、PowerPointで作成したファイルをCanvaにアップロードしてCanva上で利用することもできます。

CanvaはFreeプラン（無料）の他、執筆時点（2023年7月）では有料プランについても一定期間の無料トライアルが用意されているので、使い心地を試してみてください。

図1 Canva（https://www.canva.com/ja_jp/）

図2 Canvaのテンプレート例

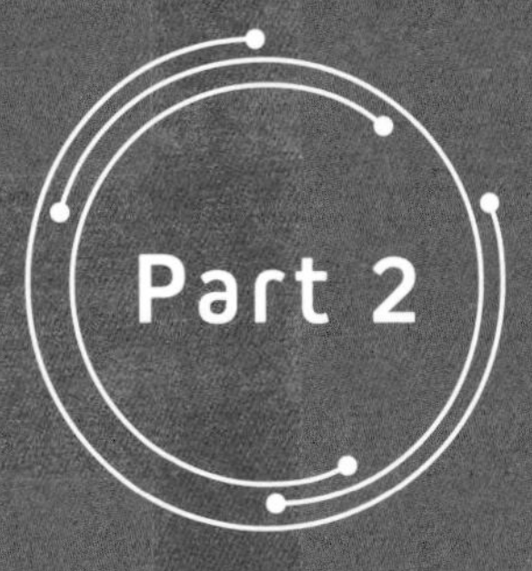

AIとプレゼンをつくろう

Chapter 3

構成のカギは適切な「プロンプト」

「プレゼンテーマの設定」を終えたら、スライド構成を考える過程に進みます。
ここからは、いよいよChatGPTをはじめとするAIが活躍する場面です。
AIから最短でより良い答えを引き出すカギは「プロンプト」にあります。

ChatGPTと作るプレゼン原稿の完成度

ChatGPTが出してくれるプレゼンスライドの原稿は、どのぐらいのレベルにあるのでしょう？ GPT-3.5とGPT-4の出力内容の違いを比較してみます。

GPT-3.5とGPT-4の違い

OpenAIから、2023年3月14日（米国時間）に、新しいGPT-4が発表されました。これまでのChatGPT（GPT-3.5）でプレゼン原稿を出力すると、「方向性はよいけど、まだ実務では使えないかな……おしい！」という感じでした。しかしGPT-4の登場で、実務で使えるレベルのプレゼン原稿を作れるようになっています。

GPT-3.5とGPT-4に、同じプレゼン原稿の作成を依頼して、出力内容の違いを比較してみました。

GPT-3.5が作る採用説明会の原稿

まず、GPT-3.5に次のように依頼してみます。

合同説明会で社長が学生に向けて会社説明するための、新卒採用プレゼンの原稿を作って。

【新卒採用プレゼンの原稿】

Slide 1：会社紹介
皆さん、こんにちは。私たちの会社についてご紹介させていただきます。
弊社は（会社名）といいます。（創業年）、（従業員数）名の社員が働く（事業内容）企業です。

Slide 2：事業内容
弊社は、（事業内容）を中心に事業を展開しています。

☞次ページ続く

その他、（事業内容）なども手掛けております。

Slide 3：企業理念
弊社の企業理念は、「（企業理念）」です。
私たちは、この理念をもとに、社員一丸となって仕事に取り組んでいます。

Slide 4：弊社の強み
弊社の強みは、（強み）です。
この強みを活かし、（事業内容）において優れた成果を挙げています。

Slide 5：新卒採用情報
弊社では、毎年多数の新卒採用を行っております。
入社後は、（研修・OJT）を通じて、しっかりとスキルを磨くことができます。
また、社員のキャリアアップを支援するため、（制度）も充実しています。

Slide 6：仕事内容
新卒採用における仕事内容についてご説明します。
具体的には、（仕事内容）を担当していただきます。
弊社の（事業内容）に関心をお持ちの方は、ぜひご応募ください。

Slide 7：採用条件
採用条件についてご説明します。
応募資格は、（学歴・能力・経験）です。
また、（その他の条件）もございますので、詳細は弊社ホームページをご確認ください。

Slide 8：選考プロセス
弊社の選考プロセスについてご説明します。
まずは、書類選考を行います。その後、（面接・筆記試験・グループディスカッションなど）を行います。
選考については、合否に関わらず、選考結果をご連絡いたします。

Slide 9：応募方法
応募方法についてご案内します。
弊社ホームページから応募フォームにアクセスしていただくか、郵送にて履歴書をお送りください。応募期間は、（期間）までとなっております。
ご応募お待ちしております。

☞次ページ続く

Slide 10：終わりに
以上が、弊社の新卒採用に関する説明でした。
弊社にご興味をお持ちいただけた方は、ぜひ応募してください。
皆さんのご応募を心よりお待ちしております。

※GPT-3.5による出力

このように、GPT-3.5だと参考にはなりますが、出力してくる内容そのままでは使えないので、ブラッシュアップが必要という印象でした。

GPT-4が作る採用説明会の原稿

では、GPT-4に、先ほどと同じ内容の質問をしてみると、どうなるでしょうか。GPT-3.5の答えと比べてみてください。

タイトル：〇〇社へようこそ！新卒採用説明会

はじめに
みなさん、こんにちは！私は〇〇社の社長、〇〇です。本日は新卒採用説明会にお越しいただき、誠にありがとうございます。この機会に、私たちの会社がどのようなビジョンを持ち、どんな働き方を提供しているのかをお伝えしたいと思います。

会社の概要
まずは、〇〇社の概要についてお話しします。私たちの会社は、〇〇年に設立され、〇〇業界で活躍しています。これまでに、〇〇のプロジェクトを手掛け、多くのお客様から信頼をいただいています。また、社員の働きやすさにも力を入れており、多様な働き方をサポートしています。

会社のビジョン
私たち〇〇社のビジョンは、「〇〇」です。このビジョンのもと、私たちは、業界のリーダーとして、常にイノベーションを追求し、お客様に最高の価値を提供することを目指しています。また、持続可能な社会の実現に向けて、環境や地域社会に配慮した事業活動を展開しています。

☞次ページ続く

事業内容

○○社の主な事業内容は、○○です。○○分野での技術開発や、○○サービスの提供を行っています。今後も、最先端の技術を駆使し、お客様に喜んでいただける新しい価値を創造していきます。

社風と働き方

私たちの会社では、オープンで風通しの良い社風が特徴です。社員同士のコミュニケーションを大切にし、互いに切磋琢磨して成長できる環境を整えています。また、フレックスタイム制度やリモートワークなど、柔軟な働き方を導入しており、プライベートとの両立が可能です。

教育・研修制度

新卒入社後、○○社では、充実した教育・研修制度を用意しています。OJTや外部研修、社内セミナーなど、様々な研修プログラムを通じて、社員のスキルアップを支援しています。また、メンター制度を導入し、先輩社員が新入社員をサポートすることで、スムーズな職場への適応を促進しています。

キャリアパス

○○社では、多様なキャリアパスを用意しており、社員一人ひとりが自分の能力や興味に応じて成長できる環境を提供しています。専門職、マネジメント、グローバルキャリアなど、幅広い選択肢がありますので、自分の夢や目標を追求することができます。

福利厚生

私たちの会社では、充実した福利厚生制度を整えています。健康保険や厚生年金、労災保険などの社会保険をはじめ、住宅手当や家族手当、育児休暇や介護休暇など、社員が安心して働ける環境づくりに力を入れています。

応募資格と選考プロセス

新卒採用に応募できるのは、○○年卒業予定の方です。選考プロセスは、書類選考、筆記試験、面接、最終面接の順に進みます。詳細は、当社の採用ページをご覧ください。

まとめ

本日は、○○社の新卒採用説明会にご参加いただき、ありがとうございました。私たちの会社では、社員の成長と幸せを大切にし、お客様に喜んでいただける価値を提供することを目指しています。皆さんが、私たちと一緒に働くことで、素晴らしいキャリアを築いていけることを心から願っています。どうぞ、よろしくお願いいたします。

※GPT-4による出力

かなりスライド構成が洗練されて、原稿内容も自然な表現になっています。こちらであれば、実際の企業説明会でのプレゼンに近く、現行のたたき台として、そのまま使っても違和感がなさそうです。

原稿を作るときは文字数制限に注意する

現状、GPT-4を日本語で使用する場合は一度に扱える文字数が2,000~3,000文字程度といわれています（執筆時点、2023年5月15日現在）。これは、英語よりも日本語のほうが多くのトークン（ソースコードの内容を意味を持つ最小単位の文字列に分けたもの）を使用するためです。

このため、実際のプレゼン原稿を作る場合は、次のような工夫が必要になりそうだと感じました。

●プレゼン原稿を質問するときの工夫点

- **プレゼンをいくつかのパートに分けて作成する**
- **英語で作成したものを日本語訳する**
- **GPT-4から出力した原稿をたたき台として、ヒトが加筆・修正する**

AIはプレゼン構成を作る即戦力になる

ここでは、プレゼン原稿を作ってみましたが、出力結果を見れば、GPT-4がわかりやすいプレゼン構成を作った上で、原稿を考えてくれているのが伝わったのではないでしょうか。

プレゼンの場面や、職種・立場など発表者の情報を入力するだけでスライド構成が作れるのは画期的なことですので、ChatGPTの**得意分野と苦手分野を把握して**上手に活用し、プレゼン制作を効率化していきましょう。

02 スライド構成をGPT-4に聞いてみる

ここからは、同じタイトルテーマを、複数のスライド構成で作り、受ける印象や伝わり方を比較してみます。ここでもGPT-4を活用します。

GPT-4と考える様々なスライド構成

Chapter3-01（→P.086）で述べたように、AIを使って爆速でスライド構成を作れるようになりました。ここでは、**同じタイトルでタイプの異なる何種類かのスライド構成**を作り、受ける印象や伝わり方を比較してみます。

企業でビジネススライドを作る10の場面

まず、GPT-4に、使用頻度の高いビジネススライドを10種類挙げてもらいました。

企業が10枚以上のビジネススライドを作る場面のうち、最も頻度が高いものを10個挙げてください。

G

1.新製品やサービスの提案会議
2.事業戦略の発表や検討会
3.売上や業績の報告・分析会
4.プロジェクト進捗報告会
5.社内研修や教育プログラム
6.人事評価や目標設定の会議
7.オペレーション改善の提案会
8.マーケティング戦略のプレゼンテーション
9.財務分析や予算編成の会議
10.社内外のコミュニケーションイベント

このようなリストが返ってきました。
その後、「上記を使用頻度の高い順に並べ替えてください」と指示しましたが、同じ並びでした……優秀です。

GTP-4が挙げた最も使用頻度が高い「新製品やサービスの提案会議」から、「**子供向けオンラインプログラミング教室の企画**」という題材を設定します。そして、GPT-4に様々な構成やレイアウトを考えてもらいましょう。

GPT-4でプレゼン構成を作る場合のプロンプト

Inroduction02（→P.013）でお伝えしたように、**会話型AIを使う際には入力するプロンプトが重要**になります。GPT-4でプレゼン構成を作る場合も、具体的なパラメータを指定して、実際の状況に合った構成を出力してもらいましょう。プレゼン構成を作る場合に指定すべき基本のパラメータは、次の通りです。頭に入れたら、さっそく作ってみましょう。

●プレゼン構成を質問するときのパラメータ
- ・役割：プレゼン制作会社のディレクター
- ・プレゼンテーマ：使用場面と内容を具体的に指定
- ・構成の型：「SDS、DESC、PREP」などから指定
- ・枚数：具体的な枚数を数字で指定

一般的な構成とレイアウト（標準型）

次ページのスライドが、「子供のプログラミング教室の提案」というテーマで、**GPT-4が出力した構成・レイアウトに基づいて、筆者がデザインしたもの**です。特に構成の型を指定しない、標準的な構成で作成しています。

子供のプログラミング教室の提案（標準型）

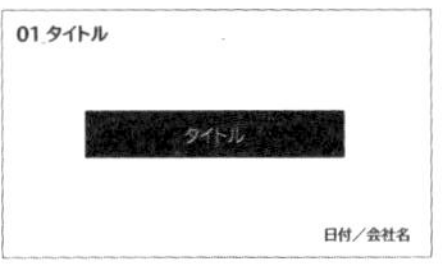

タイトル
企業ロゴやイメージカラーを含むデザイン

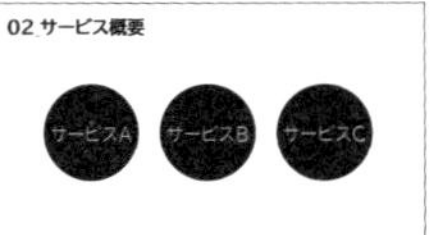

サービス概要
サービスの特徴、カリキュラムやコース内容

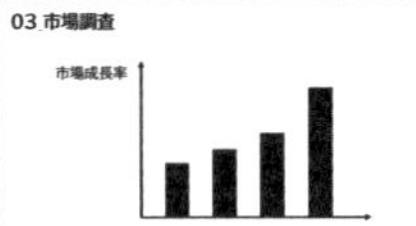

市場調査
市場分析を示すグラフやチャート

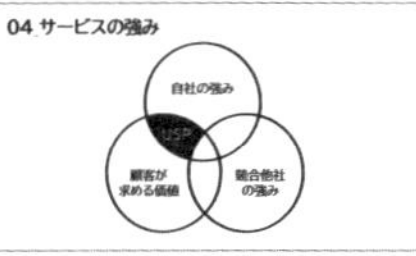

サービスの強み
独自の教育方法や教材、教育効果、特徴的なサービス展開

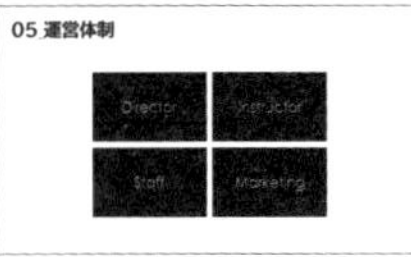

運営体制
運営体制を箇条書きで説明

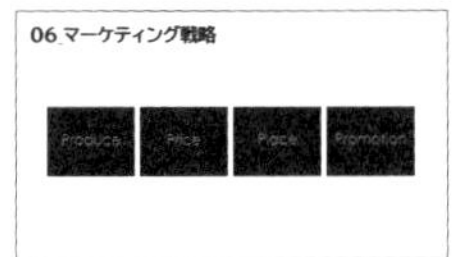

マーケティング戦略
マーケティング戦略の図解（4P戦略）

07 収益予測

	20X1	20X2	20X3	20X4
売上	100	200	400	800
経費	200	200	200	200
利益	-100	0	200	600

収益予測
初期投資や運営費用、売上や利益の予測

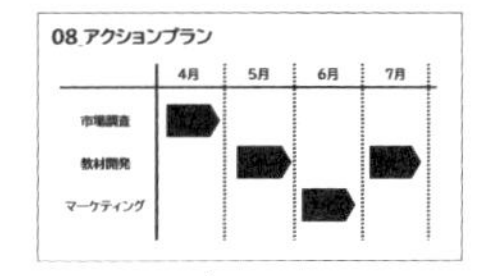

アクションプラン
プロジェクトの全体スケジュールを示すガントチャート

図1 標準型のスライド例（GPT-4が出力した構成・レイアウトに基づいて、筆者が作成）

ここでは、次のように質問し、GPT-4に構成・レイアウト案を返してもらいました。

あなたはプレゼン制作会社のディレクターです。クライアントが「子供向けのオンラインプログラミング教室」という新しいサービスの提案会議で使う、プレゼン資料の構成を8枚で教えてください。

子供向けのオンラインプログラミング教室という新しいサービスの提案会議で使うプレゼン資料の構成は以下の通りです。

1.タイトルスライド
「子供向けオンラインプログラミング教室の提案」

2.サービス概要スライド
・サービスの目的とターゲット
・オンラインプログラミング教室の特徴
・提供するカリキュラムやコース内容

☞次ページ続く

3.市場調査スライド
・市場規模、ターゲット市場の特性
・競合他社の分析
・市場ニーズやトレンド

4.サービスの強みスライド
・独自の教育方法や教材
・教育効果や子供たちの学習意欲を高める工夫
・オンラインでの特徴的なサービス展開

5.実施計画スライド
・サービス開始時期
・運営体制やインフラ整備
・教育コンテンツの開発計画

6.マーケティング戦略スライド
・広告やSNSを活用した集客方法
・口コミや紹介制度による顧客獲得
・ブランディング戦略

7.収益予測スライド
・収益モデル(有料プラン、広告収入など)
・初期投資や運営費用
・売上や利益の予測

8.まとめスライド
・子供向けオンラインプログラミング教室の提案の要点と期待効果
・実現に向けたアクションプラン

以上の8枚のスライドで、子供向けのオンラインプログラミング教室という新しいサービスの提案会議で使うプレゼン資料を構成することができます。

※GPT-4より出力

簡単に記載すべき内容が箇条書きされた構成案を作ることができました。

そのまま続けて、具体的にどのようなビジュアルやデータを入れるとよいか、追加で質問してみましょう。

上記の各スライドで使うべき、文章・ビジュアル・データの内容について詳しく教えてください。

G 各スライドで使用する文章・ビジュアル・データについて詳しく説明します。

1.タイトルスライド
文章:「子供向けオンラインプログラミング教室の提案」
ビジュアル:企業ロゴやイメージカラーを含むデザイン
データ:なし

2.サービス概要スライド
文章:サービスの目的、ターゲット、特徴、カリキュラムやコース内容を箇条書きで説明
ビジュアル:サービスのイメージ画像やアイコン
データ:参考となるデータや統計(例:対象年齢層の子供数)

3.市場調査スライド
文章:市場規模、ターゲット市場の特性、競合他社の分析、市場ニーズやトレンドを箇条書きで説明
ビジュアル:市場分析を示すグラフやチャート
データ:市場規模や競合他社のシェアなどの数値データ

4.サービスの強みスライド
文章:独自の教育方法や教材、教育効果、オンラインでの特徴的なサービス展開を箇条書きで説明
ビジュアル:サービスの強みをイメージする写真やアイコン
データ:サービスの効果を示すデータや事例

5.実施計画スライド
文章:サービス開始時期、運営体制、インフラ整備、教育コンテンツ開発計画を箇条書きで説明
ビジュアル:実施計画のイメージ画像やタイムライン図
データ:開始時期や運営費用などの数値データ

☞次ページ続く

6.マーケティング戦略スライド
文章：広告やSNSを活用した集客方法、口コミや紹介制度、ブランディング戦略を箇条書きで説明
ビジュアル：マーケティング戦略のイメージ画像や図解
データ：集客効果の予測や広告費用などの数値データ

7.収益予測スライド
文章：収益モデル、初期投資や運営費用、売上や利益の予測を箇条書きで説明
ビジュアル：収益予測のグラフやチャート
データ：初期投資額、運営費用、売上や利益の予測値などの数値データ

8.まとめスライド
文章：子供向けオンラインプログラミング教室の提案の要点と期待効果、実現に向けたアクションプランを箇条書きでまとめ
ビジュアル：企画の成功イメージやシンボルマーク
データ：具体的な成果指標や目標達成時の数値

以上の各スライドにおける文章・ビジュアル・データの内容を適切に組み合わせることで、子供向けのオンラインプログラミング教室という新しいサービスの提案会議で使用するプレゼン資料を構成することができます。

※GPT-4より出力

ここでは、まずプレゼンの構成を質問し、次に各スライドで使う文章・ビジュアル・データを質問しました。GPT-4の提案に基づきスライド化したものが、P.093のスライドデザイン案となります。
この標準型で作ったプレゼン構成は、シンプルにデータを提示して説明するのに向いています。事実を並べて合理的に説明する場合に使いましょう。

03 プロンプトで変わるプレゼン構成 ①PREP型

前節では、標準型のスライド構成を確認しました。ここからは同じテーマでプレゼン構成の4つ型を使って試していきます。

PREP型のスライド構成

プレゼンにストーリー性を持たせるには、プレゼン構成の型を使うことが有効です。

前節と同じ「子供のプログラミング教室の提案」というテーマで、Chapter2-06（→P.057）でお話した**PREP、DESC、SDS、TAPSの4つの代表的なプレゼン構成の型**を使って構成を作るとどうなるかを、試していきます。

4種類作る必要があるため、プロンプトは次のようなテンプレートを作成し、最後の構成部分だけを入れ替えて流用します。

あなたはプレゼン制作会社のディレクターです。クライアントが社内会議で使う、以下のプレゼン資料の構成を教えてください。
・タイトルは「子供向けオンラインプログラミング教室の企画」
・スライド枚数は全部で8枚
・構成は〇〇型（〇〇-〇〇-〇〇）

次ページのスライドが、**GPT-4が出力したPREP型の構成・レイアウト**に基づいて、筆者がデザインしたものです。

子供のプログラミング教室の提案（PREP型）

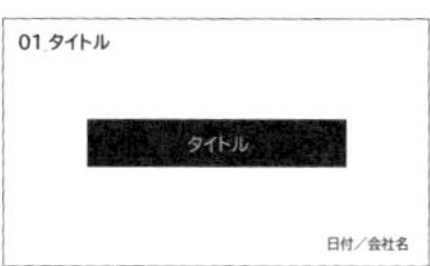

タイトル
カラフルな背景や、子供がプログラミングするイラスト

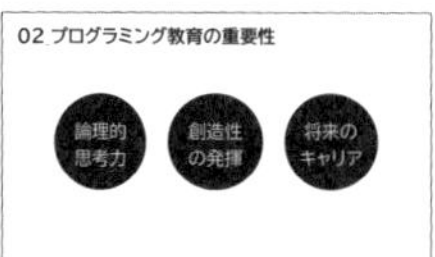

主題（Point）
オンラインプログラミング教室が子供の未来に重要な理由

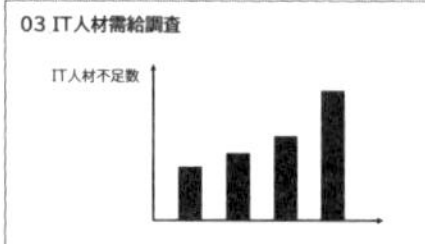

理由1（Reason）
ITスキルの需要増加によるキャリアの機会

例1（Example）
プログラミングスキルでキャリアを築いた事例

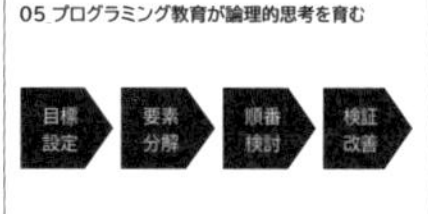

理由2（Reason）
プログラミング教育が論理的思考の向上につながる

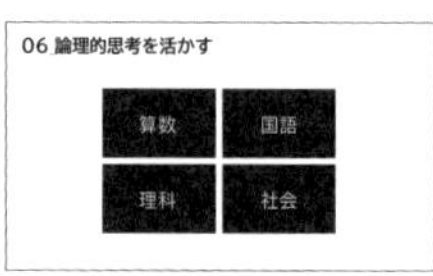

例2（Example）
論理的思考を他の教科に活かした例

オンラインプログラミング教室の特徴

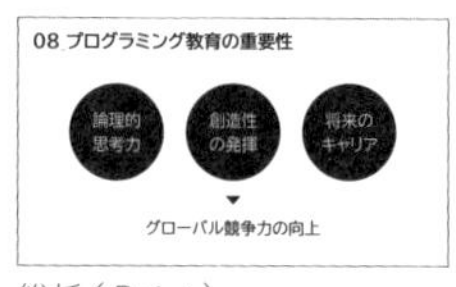

総括（Point）
新しいサービスが子供の未来に重要である理由を再度強調

図1 PREP型のスライド例

先ほど（→**P.097**）のプロンプトの最後の文を「構成はPREP型（Point-Reason-Example-Point）」にして入力すると、GTP-4が出力したプレゼン構成は次のようになりました。

・タイトルは「子供向けオンラインプログラミング教室の企画」
・スライド枚数は全部で8枚
・構成はPREP型（Point-Reason-Example-Point）

1.スライド：タイトルページ
タイトル：子供向けオンラインプログラミング教室の企画

2.スライド2：主題（Point）
オンラインプログラミング教室が子供たちの未来のために重要である理由

3.スライド3：理由1（Reason）
プログラミングスキルの需要増加によるキャリアの機会

☞次ページ続く

4.スライド4：例1（Example）
実際に子供たちがプログラミングスキルを獲得し、成功したキャリアを築いた事例

5.スライド5：理由2（Reason）
プログラミング教育が子供たちの論理的思考や問題解決能力の向上につながる

6.スライド6：例2（Example）
プログラミング教育を受けた子供たちが論理的思考や問題解決能力を活かした実例

7.スライド7：提案するオンラインプログラミング教室の特徴
カリキュラム、教材、インタラクティブな学習方法など

8.スライド8：総括（Point）
子供向けオンラインプログラミング教室が子供たちの未来にとって重要である理由を再度強調

これらのスライド構成により、PREP型（Point-Reason-Example-Point）に基づいた子供向けオンラインプログラミング教室の企画プレゼン資料が完成します。

※GPT-4より出力

出力されたプレゼン構成について、スライドの各ページで作るべきレイアウトの内容も聞いてみましょう。各構成案を出力した後に、次のように入力します。

上記の各スライドで使うべき、文章・ビジュアル・データの内容について詳しく教えてください。

以下に、各スライドで使用する文章・ビジュアル・データの内容を詳しく説明します。

1.スライド1：タイトルページ
文章：子供向けオンラインプログラミング教室の企画
ビジュアル：カラフルな背景や子供が楽しそうにプログラミングをしているイラスト

2.スライド2：主題（Point）
文章：オンラインプログラミング教室が子供たちの未来のために重要である理由

☞次ページ続く

G ビジュアル：キーポイントを強調するためのアイコンや図形

3.スライド3：理由1（Reason）
文章：プログラミングスキルの需要増加によるキャリアの機会
データ：IT業界の成長率やプログラミング関連の職種の需要増加率などの統計データ
ビジュアル：グラフやチャートを使ってデータを視覚化

4.スライド4：例1（Example）
文章：実際に子供たちがプログラミングスキルを獲得し、成功したキャリアを築いた事例
ビジュアル：成功事例を紹介する写真やイラスト、引用元のロゴ

5.スライド5：理由2（Reason）
文章：プログラミング教育が子供たちの論理的思考や問題解決能力の向上につながる
データ：学習者のスキル向上や成績向上に関する調査結果
ビジュアル：グラフやチャートを使ってデータを視覚化

6.スライド6：例2（Example）
文章：プログラミング教育を受けた子供たちが論理的思考や問題解決能力を活かした実例
ビジュアル：実例のイラストや写真、関連プロジェクトやイベントのロゴ

7.スライド7：提案するオンラインプログラミング教室の特徴
文章：カリキュラム、教材、インタラクティブな学習方法などの特徴を紹介
ビジュアル：各特徴をイメージさせるアイコンや写真、教室のスクリーンショットなど

8.スライド8：総括（Point）
文章：子供向けオンラインプログラミング教室が子供たちの未来にとって重要である理由を再度強調
ビジュアル：スライド2で使用したキーポイントを強調するアイコンや図形を再利用し、統一感を持たせる
データ：スライド3および5で使用した統計データや調査結果を短くまとめて再掲載

〜（以下、略）〜

※GPT-4より出力

どうでしょうか。標準型（→P.093）とPREP型（→P.098）のスライドデザインを比べてみてください。PREP型だと「オンラインプログラミング教室が、子供の未来のために重要である」というポイントが、より伝わりやすくなりました。この構成は、テーマを明確に伝えて説得力を増したい場合に便利です。

Column

Microsoft Designerを使ってみよう

マイクロソフト社が提供する「Microsoft Designer」（https://designer.microsoft.com/）は、AI機能を搭載したデザインサービス。Microsoftアカウントに登録すれば、Webブラウザからすぐに利用できます。

Microsoftアカウントでログインしたら、画面の左上のフィールドにテキストプロンプトを入力すれば、AIがプロンプトに応じた画像を表示してくれる他、手持ちの画像を組み合わせたり、過去のデザイン案を利用することも可能です 図1。右側に表示されるデザイン案から任意のものを選び、画面右下の「Customize design」ボタンを押すと編集画面に遷移します。

編集画面では、画像のデザインやテキストなどを編集できる他、右側のフィールドに画像のデザインアイデアが表示されます 図2。画面上で完成させたデザインは、PNG・JPEG・PDFの形式でダウンロード可能です。

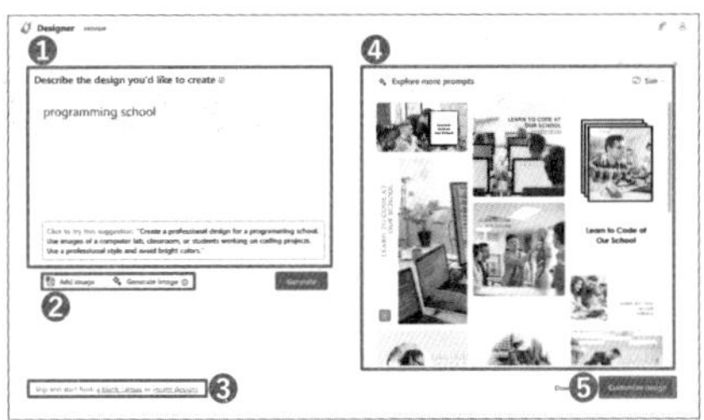

図1 スタート画面（テキストプロンプトを入力する画面）
❶プロンプト入力フィールド
❷使いたい画像がある場合や、画像生成したい場合
❸白紙から始めたい場合や、過去のデザインを使う場合
❹❶のフィールドにプロンプトを入力すると、デザイン案が生成
❺編集画面に遷移

図2 編集画面
❻リボンから様々なデザイン機能が選べる
❼❻で選んだ機能のメニュー画面
❽❹で選んだデザインをここで編集できる
❾デザイン案
❿デザインを最初からやり直す場合や、ダウンロードする場合

プロンプトで変わるプレゼン構成 ②DESC型

今度は「子供のプログラミング教室の提案」というプレゼンテーマのスライド構成を、DESC型でGPT-4に聞いてみます。

DESC型のスライド構成

プロンプト(→P.097)の最後の文を「構成はDESC型(Describe-Express-Suggest-Consequence)」に変えて入力して試してみます。

下のスライド例は、GPT-4が出力したDESC型の構成・レイアウトに基づいて、筆者がデザインしたものです。

子供のプログラミング教室の提案(DESC型)

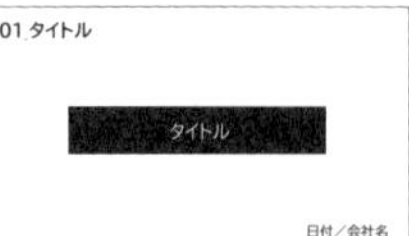

タイトル
カラフルな背景や、子供がプログラミングする姿

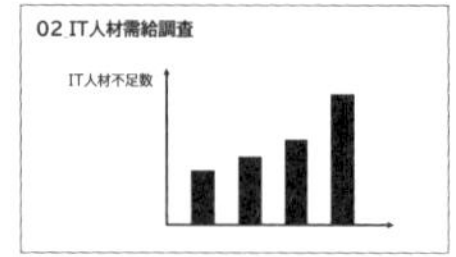

状況の説明(Describe)
IT業界の成長とプログラミングスキルの重要性

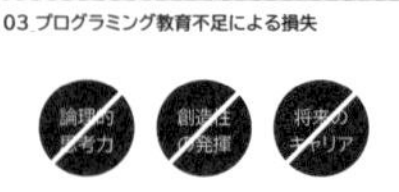

感情・問題の表現(Express)
プログラミング教育を受けられないことによる機会損失

解決策の提案(Suggest)
カリキュラム、教材、学習方法などの特徴

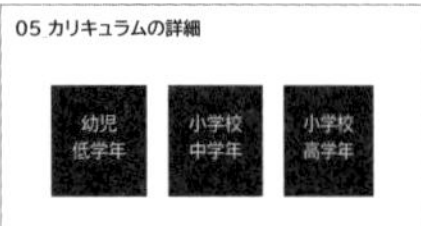

解決策の詳細1
年齢別・スキル別のカリキュラム詳細

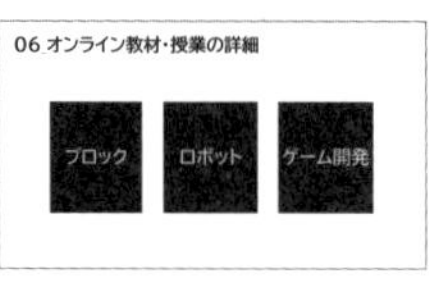

解決策の詳細2
インタラクティブな教材の詳細

結果(Consequence)
子供たちのプログラミングスキル向上による影響

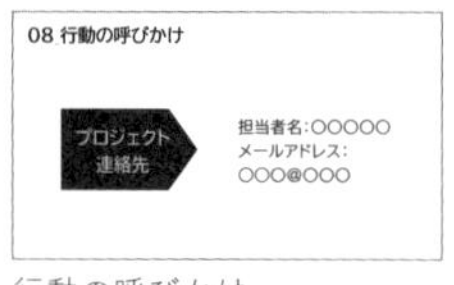

行動の呼びかけ
企画への参加や賛同を求める行動の呼びかけ

図1 DESC型のスライド例

・タイトルは「子供向けオンラインプログラミング教室の企画」
・スライド枚数は全部で8枚
・構成はDESC型(Describe-Express-Suggest-Consequence)

DESC型(Describe-Express-Suggest-Consequence)に基づいた子供向けオンラインプログラミング教室の企画プレゼン資料の構成は、以下のようになります。

1.スライド1:タイトルページ
タイトル:子供向けオンラインプログラミング教室の企画

2.スライド2:状況の説明(Describe)
現在の子供たちのプログラミング教育の状況とニーズ
IT業界の成長とプログラミングスキルの重要性

3.スライド3:感情・問題の表現(Express)
子供たちが十分なプログラミング教育を受けられていないことによる機会の損失
既存の教育プログラムの課題や不十分な点

4.スライド4:解決策の提案(Suggest)
オンラインプログラミング教室の導入
カリキュラム、教材、インタラクティブな学習方法などの特徴

5.スライド5:解決策の詳細1
オンラインプログラミング教室のカリキュラム内容
年齢別・スキル別のカリキュラム設計

6.スライド6:解決策の詳細2
インタラクティブな学習方法と教材
実践的なプロジェクトやゲームを用いた学習

7.スライド7:結果・影響(Consequence)
子供たちのプログラミングスキル向上とキャリアの機会
論理的思考力や問題解決能力の発展

☞次ページ続く

8.スライド8:総括・行動の呼びかけ
子供向けオンラインプログラミング教室導入の重要性の再確認
企画への参加や賛同を求める行動の呼びかけ

これらのスライド構成により、DESC型(Describe-Express-Suggest-Consequence)に基づいた子供向けオンラインプログラミング教室の企画プレゼン資料が完成します。

※GPT-4より出力

次に、出力されたプレゼン構成について、それぞれのスライドで作るべきレイアウトの内容を聞いてみます。

以下に、各スライドで使用する文章・ビジュアル・データの内容を詳しく説明します。

1.スライド1:タイトルページ
文章:子供向けオンラインプログラミング教室の企画
ビジュアル:カラフルな背景や子供が楽しそうにプログラミングをしているイラスト

2.スライド2:状況の説明(Describe)
文章:現在の子供たちのプログラミング教育の状況とニーズ、IT業界の成長とプログラミングスキルの重要性
データ:プログラミング教育の普及率、IT業界の成長率や求人数などの統計データ
ビジュアル:グラフやチャートを使ってデータを視覚化

3.スライド3:感情・問題の表現(Express)
文章:子供たちが十分なプログラミング教育を受けられていないことによる機会の損失、既存の教育プログラムの課題や不十分な点
ビジュアル:問題点を象徴するイラストやアイコン

4.スライド4:解決策の提案(Suggest)
文章:オンラインプログラミング教室の導入、カリキュラム、教材、インタラクティブな学習方法などの特徴
ビジュアル:オンライン教室のイメージ図や特徴を表すアイコン

5.スライド5:解決策の詳細1
文章:オンラインプログラミング教室のカリキュラム内容、年齢別・スキル別のカリキュラム設

☞次ページ続く

計
ビジュアル：カリキュラムの概要図や年齢別・スキル別の分類図

6.スライド6：解決策の詳細2
文章：インタラクティブな学習方法と教材、実践的なプロジェクトやゲームを用いた学習
ビジュアル：インタラクティブな学習方法や教材のイメージ図、プロジェクトやゲームのスクリーンショット

7.スライド7：結果・影響（Consequence）
文章：子供たちのプログラミングスキル向上とキャリアの機会、論理的思考力や問題解決能力の発展
データ：類似プログラムにおける学習者のスキル向上や成績改善などの実績データ
ビジュアル：グラフやチャートを使ってデータを視覚化

8.スライド8：総括・行動の呼びかけ
文章：子供向けオンラインプログラミング教室導入の重要性の再確認、企画への参加や賛同を求める行動の呼びかけ
ビジュアル：スライド4で使用したオンライン教室のイメージ図や特徴を表すアイコンを再利用し、統一感を持たせる

これらの文章・ビジュアル・データを使用して、子供向けオンラインプログラミング教室の企画に関するDESC型（Describe-Express-Suggest-Consequence）のプレゼン資料を作成します。各スライドは視覚的にわかりやすく、ポイントが伝わるようデザインし、聴衆の理解を促すことが重要です。

※GPT-4より出力

標準型（→P.093）、PREP型（→P.098）、DESC型（→P.102）のスライドデザインをそれぞれ比較してみてください。
DESC型では、問題が起きた場合の感情を想起させた後に解決策を示す構成を作ってプレゼンすることで、聴衆の行動をかきたてます。ヒトの感情を動かすプレゼンを作りたいときに有効です。

05 プロンプトで変わるプレゼン構成 ③SDS型

次節に続き、ここでは「子供のプログラミング教室の提案」というプレゼンテーマのスライド構成を、SDS型でGPT-4に聞いてみます。

SDS型のスライド構成

今度は、プロンプト（→**P.097**）の最後の部分を「構成はSDS型（Summary-Details-Summary）」にして、GPT-4に入力してみます。

下のスライド例は、GPT-4が出力したSDS型の構成・レイアウトに基づいて、筆者がデザインしたものです。

子供のプログラミング教室の提案（SDS型）

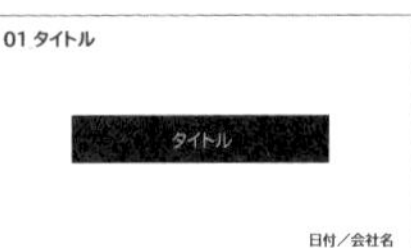

タイトル
カラフルな背景や、子供がプログラミングする姿

概要（Summary）
オンラインプログラミング教室の特徴

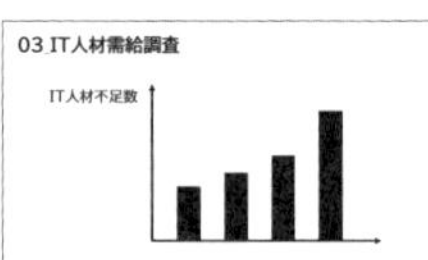

IT業界の成長とプログラミングスキルの重要性

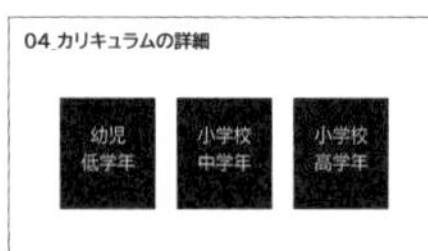

カリキュラムの概要と、年齢別・スキル別の分類

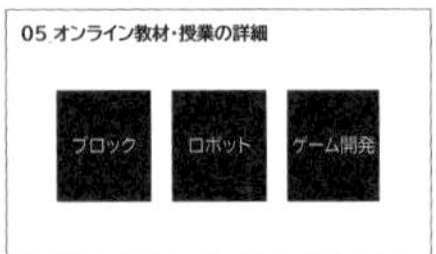

実践的なプロジェクトとゲームを用いた学習

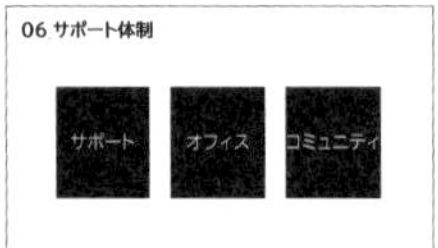

教室の運営とサポート体制

プログラミングスキル向上による影響

総括（Summary）
企画への参加や賛同を求める行動の呼びかけ

図1 SDS型のスライド例

・タイトルは「子供向けオンラインプログラミング教室の企画」
・スライド枚数は全部で8枚
・構成はSDS型(Summary-Details-Summary)

SDS型(Summary-Details-Summary)に基づいた子供向けオンラインプログラミング教室の企画プレゼン資料の構成は以下のようになります。

1.スライド1:タイトルページ
タイトル:子供向けオンラインプログラミング教室の企画

2.スライド2:概要(Summary)
プロジェクトの目的と主要な特徴を簡潔に説明
オンラインプログラミング教室の利点と目標

3.スライド3:プログラミング教育の現状とニーズ
現在の子供たちのプログラミング教育の状況
IT業界の成長とプログラミングスキルの重要性

4.スライド4:教室のカリキュラムと学習方法
カリキュラムの概要と年齢別・スキル別の分類
インタラクティブな学習方法と教材

5.スライド5:実践的なプロジェクトとゲームを用いた学習
プロジェクトベースの学習アプローチの説明
ゲーム開発やアプリ作成などの実践的な課題

6.スライド6:教室の運営とサポート
オンライン教室の運営方法(ライブ授業、録画授業など)
サポート体制(チャットやメールでの質問対応、オフィスアワーなど)

7.スライド7:成果と影響
学習者のスキル向上や成績改善などの実績データ
論理的思考力や問題解決能力の発展

☞次ページ続く

8.スライド8:総括 (Summary)
スライド2で述べた概要を再度強調
企画への参加や賛同を求める行動の呼びかけ

これらのスライド構成により、SDS型 (Summary-Details-Summary) に基づいた子供向けオンラインプログラミング教室の企画プレゼン資料が完成します。
各スライドは視覚的にわかりやすく、ポイントが伝わるようデザインし、聴衆の理解を促すことが重要です。

1.スライド1:タイトルページ
文章:子供向けオンラインプログラミング教室の企画
ビジュアル:カラフルな背景や子供が楽しそうにプログラミングをしているイラスト

2.スライド2:概要(Summary)
文章:プロジェクトの目的と主要な特徴、オンラインプログラミング教室の利点と目標
ビジュアル:オンラインプログラミング教室の特徴や利点を表すアイコン

3.スライド3:プログラミング教育の現状とニーズ
文章:現在の子供たちのプログラミング教育の状況、IT業界の成長とプログラミングスキルの重要性
データ:プログラミング教育の普及率、IT業界の成長率や求人数などの統計データ
ビジュアル:グラフやチャートを使ってデータを視覚化

4.スライド4:教室のカリキュラムと学習方法
文章:カリキュラムの概要と年齢別・スキル別の分類、インタラクティブな学習方法と教材
ビジュアル:カリキュラムの概要図や年齢別・スキル別の分類図、インタラクティブな学習方法や教材のイメージ図

5.スライド5:実践的なプロジェクトとゲームを用いた学習
文章:プロジェクトベースの学習アプローチの説明、ゲーム開発やアプリ作成などの実践的な課題
ビジュアル:プロジェクトやゲームのスクリーンショット、実践的な課題を示すアイコン

☞次ページ続く

G
6.スライド6：教室の運営とサポート
文章：オンライン教室の運営方法（ライブ授業、録画授業など）、サポート体制（チャットやメールでの質問対応、オフィスアワーなど）
ビジュアル：運営方法やサポート体制を表すアイコン

7.スライド7：成果と影響
文章：学習者のスキル向上や成績改善などの実績データ、論理的思考力や問題解決能力の発展
データ：類似プログラムにおける学習者のスキル向上や成績改善などの実績データ
ビジュアル：グラフやチャートを使ってデータを視覚化

8.スライド8：総括（Summary）
文章：スライド2で述べた概要を再度強調、企画への参加や賛同を求める行動の呼びかけ
ビジュアル：スライド2で使用した特徴や利点を表すアイコンを再利用し、統一感を持たせる

これらの文章・ビジュアル・データを使用して、子供向けオンラインプログラミング教室の企画に関するSDS型（Summary-Details-Summary）のプレゼン資料を作成します。
各スライドは視覚的にわかりやすく、ポイントが伝わるようデザインし、聴衆の理解を促すことが重要です。

※GPT-4より出力

標準型、PREP型、DESC型と質問を2回に分けていましたが、SDS型では、スライド構成だけでなくレイアウトの内容も合わせて提示してくれました！
このようにGPTに同じ指示出しを繰り返すと、勝手に学習して、こちらの質問回数を減らしてくれるところが、かわいいポイントです（もちろん、途中で止まってしまうこともありますが……）。

SDS型の構成は企画の詳細をしっかりと伝えて、聴衆の理解を促すのに向いています。汎用性が高いので、Summaryの内容を変えれば、様々な角度からテーマを説明することができます。

06 プロンプトで変わるプレゼン構成 ④TAPS型

最後に「子供のプログラミング教室の提案」というプレゼンテーマのスライド構成を、TAPS型でGPT-4に聞いてみます。

TAPS型のスライド構成

プロンプト（→P.097）の最後の部分を「構成はTAPS型（To be-As is-Problem-Solution）」に変えて、GPT-4に入力してみます。

下のスライド例が、GPT-4が答えたTAPS型の構成・レイアウトに基づいて、筆者がデザインしたものです。

子供のプログラミング教室の提案（TAPS型）

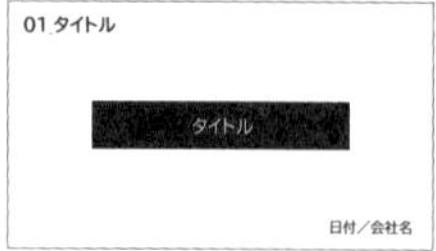

タイトル
カラフルな背景や、子供がプログラミングする姿

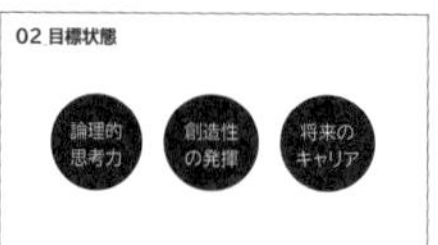

To be（目標状態）
子供たちがプログラミングを学べる環境を増やす

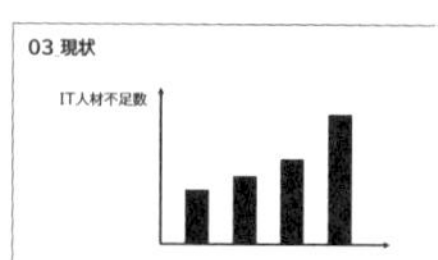

As is（現状）
需給バランスの不均衡によるIT人材の不足

Problem（問題点）①
カリキュラムやオンライン教材の準備が不十分

05 問題点②

	生徒数	オンライン	ゲーム	ロボット
A社	100	○	○	×
B社	80	×	×	○
当社	50	×	×	×

Problem（問題点）②
他校と差別化できず生徒数が伸び悩んでいる

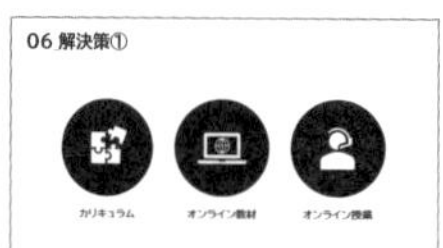

Solution（解決策）①
オンライン教材により自分のペースで学べる環境を作る

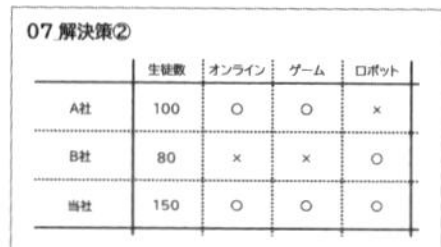

	生徒数	オンライン	ゲーム	ロボット
A社	100	○	○	×
B社	80	×	×	○
当社	150	○	○	○

Solution（解決策）②
他校との差別化を図り生徒数の増加を目指す

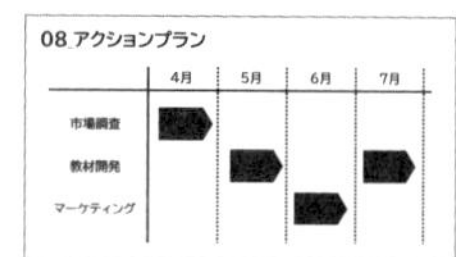

まとめ
企画を実施するためのアクションプラン

図1 TAPS型のスライド例

・タイトルは「子供向けオンラインプログラミング教室の企画」
・スライド枚数は全部で8枚
・構成はTAPS型(To be-As is-Problem-Solution)

TAPS型の子供向けオンラインプログラミング教室の企画に関するプレゼンテーション資料の構成は以下のようになります。

1.タイトルスライド
「子供向けオンラインプログラミング教室の企画」

2.To be(目標状態)スライド
・子供たちが楽しみながらプログラミングを学ぶことができる環境
・教育の質向上と参加者数の増加

3.As is(現状)スライド
・現在の教室の概要、参加者数、教育内容
・市場調査結果(競合他社、業界動向など)

4.Problem(問題点)スライド1
・教育内容が単調で子供たちの興味を引かない
・オンラインでの対話型学習が十分に活用されていない

5.Problem(問題点)スライド2
・競合他社との差別化が難しい
・参加者数の伸び悩み

6.Solution(解決策)スライド1
・インタラクティブな教材やゲーミフィケーションを取り入れることで、子供たちの興味を引く教育内容を提供
・オンラインでの対話型学習を強化し、子供たちが自分のペースで学べる環境を整える

7.Solution(解決策)スライド2
・オリジナルのカリキュラムや教材を開発して競合他社との差別化を図る・宣伝や口コミ戦略を強化し、参加者数の増加を目指す

☞次ページ続く

8.まとめスライド
・子供向けオンラインプログラミング教室の企画を実現するための具体的なアクションプランと期待効果

以上の8枚のスライドで、TAPS型のプレゼン資料を構成することができます。

※GPT-4より出力

筆者がTAPS型のスライド構成を質問したときは、続きで聞きたいレイアウト内容までは教えてくれませんでした（おそらく、ChatGPTの気まぐれです）。
次のプロンプトを入力して、出力されたプレゼン構成について、それぞれのスライドで作るべきレイアウトの内容を聞いてみました。

各スライドで使用する文章・ビジュアル・データについて詳しく説明します。

1.タイトルスライド
文章：「子供向けオンラインプログラミング教室の企画」
ビジュアル：企業ロゴやイメージカラーを含むデザイン
データ：なし

2.To be（目標状態）スライド
文章：目標となる状態を箇条書きで列挙
ビジュアル：目標状態を表すイメージ画像やアイコン
データ：目標とする参加者数や成果指標などの数値

3.As is（現状）スライド
文章：現状の教室の概要、参加者数、教育内容を箇条書きで説明
ビジュアル：現状の教室の写真やスクリーンショット
データ：参加者数、市場調査結果のデータやグラフ

4.Problem（問題点）スライド1
文章：問題点1・2を箇条書きで明示
ビジュアル：問題点をイメージする写真やアイコン
データ：問題点に関連するデータや統計

☞次ページ続く

5.Problem（問題点）スライド2
文章：問題点3・4を箇条書きで明示
ビジュアル：問題点をイメージする写真やアイコン
データ：問題点に関連するデータや統計

6.Solution（解決策）
スライド1 文章：解決策1・2を箇条書きで説明
ビジュアル：解決策をイメージする写真やアイコン、図解
データ：解決策の効果を示すデータや予測値

7.Solution（解決策）
スライド2 文章：解決策3・4を箇条書きで説明
ビジュアル：解決策をイメージする写真やアイコン、図解
データ：解決策の効果を示すデータや予測値

8.まとめスライド
文章：企画のアクションプランと期待効果を箇条書きでまとめ
ビジュアル：企画の成功イメージやシンボルマーク
データ：具体的な成果指標や目標達成時の数値

※GPT-4より出力

TAPS型は現状の問題点を具体的に洗い出し、問題点に対する解決策を示すことで、説得力のある構成を作ることができます。

スライド構成を使い分けよう

Chapter3-02（→P.091）から5節に渡り、同じテーマタイトルで構成の型を変えてスライド構成を聞いてみました。プロンプトのテンプレートを作成し、構成の型を変えて入力することで、様々なスライド構成とレイアウトを作ることができました。

これまでは、作業に時間がかかり構成を吟味する余裕のなかった人も、AIを活用することでスライド作成を効率化できるはずです。**聴き手の性格やプレゼンする場面に応じて**、スライド構成とレイアウトのバリエーションをうまく使い分けながら、相手の心を動かすプレゼンを考えてみましょう。

よく使うプレゼン構成をリスト化してみる

Chapter3-02でGPT-4が挙げてくれた「企業でビジネススライドを作る10の場面」をもとに、プレゼン構成をリスト化してみたものを紹介します。

急のプレゼンに備えて事前に用意しておく

多忙なビジネスパーソンの方は、突発的にプレゼンの準備をしなければならないこともよくあるでしょう。Chapter3-02（→P.091）でGPT-4が答えた「企業でビジネススライドを作る10の場面」を参考に、自分がプレゼンを行いそうな場面の具体的なプレゼン構成を、事前に作っておくのもよいでしょう。

実際に筆者も「これから手掛けたい企画や提案」を10個、具体的なテーマとして設定し、GPT-4にプレゼン構成を考えてもらいリスト化しました。

①新製品やサービスの提案会議
→タイトル：子供向けオンラインプログラミング教室の企画
②事業戦略の発表や検討会
→タイトル：アジア地域におけるデザイン経営コンサルの事業戦略
③売上や業績の報告・分析会
→タイトル：食品製造・施設管理・海外投資の各事業部からなる、会社全体についての業績報告
④プロジェクト進捗報告会
→タイトル：法人Webサイト制作プロジェクトの進捗報告
⑤社内研修や目標設定の会議
→タイトル：GPT-4の概要と業務で利用する際の注意点
⑥人事評価や目標設定の会議
→タイトル：人事評価の会議
⑦オペレーション改善の提案会
→タイトル：GPT-4導入による、食品製造に関するオペレーション改善の提案会

⑧マーケティング戦略のプレゼンテーション
→タイトル：デザイン経営のコンサル業務に関するマーケティング
⑨財務分析や予算編成の会議
→タイトル：過年度の財務報告及び来年度の予算
⑩社内外のコミュニケーションイベント
→タイトル：食品製造会社の会社説明

ここでは①と⑥について、入力したプロンプトとGPT-4が出力したスライド構成を紹介します。その他のものは割愛しますが、①～⑩のスライド構成を学習用のサンプルデータ（→**P.008**）として提供しますので、ぜひ参考にしてください！

①新製品やサービスの提案会議

Chapter3-04（→**P.103**）では、同様のテーマと構成「DESC型」でGPT-4に聞いたものを紹介していますが、スライド枚数を8枚から10枚に変えて質問してみました。出力結果を比べてみてもおもしろいでしょう。

あなたはプレゼン制作会社のディレクターです。
クライアントが社内会議で使う、以下のプレゼン資料の構成を教えてください。
・タイトルは「子供向けオンラインプログラミング教室の企画」
・スライド枚数は全部で10枚
・構成はDESC型（Describe-Express-Suggest-Consequence）

子供向けオンラインプログラミング教室の企画」というプレゼンテーションの構成をDESC型に従って作成すると以下のようになるかと思います：

1.スライド1：タイトル
タイトルと、あなたの名前や役職、プレゼンテーションの日付などの基本的な情報を含めます。

2.スライド2：概要
全体の流れを簡単に紹介します。これは観客が全体のストーリーを理解するのに役立ちます。

☞次ページ続く

G

3.スライド3：子供向けプログラミング教室のニーズ（Describe）
現在の子供向けプログラミング教育のニーズや市場の状況を説明します。

4.スライド4：問題点とチャンス（Express）
現在の市場や既存のサービスで抱えている問題点、またその問題を解決することで得られるチャンスを明示します。

5.スライド5：我々のオンラインプログラミング教室の概念（Suggest）
新しいオンラインプログラミング教室のアイデアやその特徴を提案します。

6.スライド6：企画の詳細（Suggest）
提案する企画の詳細を更に深掘りします。ここでは、教育内容、使用するプラットフォーム、教材などについて詳しく説明します。

7.スライド7：実施計画（Suggest）
この企画をどのように実現するかについての計画を提示します。これには、タイムライン、必要なリソース、予算などが含まれる可能性があります。

8.スライド8：期待される結果（Consequence）
この企画が成功した場合の期待される結果を示します。これは市場シェア、収益、ブランド認知度の向上など、具体的な指標によって測定される可能性があります。

9.スライド9：リスクと対策（Consequence）
企画のリスクとそれに対する対策を提示します。これは事前に潜在的な問題を認識し、それに対処するための戦略を立てることで、信頼性と説得力を高めます。

10.スライド10：結論と次のステップ
プレゼンテーションの要点をまとめ、次に何をすべきか、どのようなアクションを取るべきかについて説明します。また、質問を受け付ける時間を設けることも一般的です。

この構成はあくまで一例であり、具体的な内容や視聴者のニーズに応じて柔軟に調整することが必要です。
また、スライドの各部分には視覚的に魅力的でわかりやすいグラフやイラストを使用することをお勧めします。これにより、視聴者が情報を理解しやすくなり、プレゼンテーション全体が一貫性と説得力を持つことにつながります。

※GPT-4より出力

⑥人事評価や目標設定の会議

あなたはプレゼン制作会社のディレクターです。
クライアントが社内会議で使う、以下のプレゼン資料の構成を教えてください。
・タイトルは「人事評価の会議」
・スライド枚数は全部で10枚
・構成はSDS型(Summary-Details-Summary)

「人事評価の会議」というプレゼンテーションの構成をSDS型(Summary-Details-Summary)に従って作成すると以下のようになるかと思います:

スライド1:タイトル
タイトルと、あなたの名前や役職、プレゼンテーションの日付などの基本的な情報を含めます。

スライド2:プレゼンテーションの概要(Summary)
人事評価の会議の全体的な流れと主要なポイントについて簡単に紹介します。

スライド3-4:人事評価の目的とプロセス(Details)
人事評価の目的と評価プロセスの詳細を説明します。これには、評価基準、評価スケール、評価のタイミングなどが含まれるかもしれません。

スライド5-6:人事評価の具体的な方法(Details)
具体的な評価方法やツールについて説明します。これには、パフォーマンスレビュー、360度フィードバック、自己評価などが含まれるかもしれません。

スライド7-8:人事評価の結果の活用方法(Details)
評価の結果がどのように活用されるのか、その具体的な例を示します。これには、パフォーマンス改善、キャリア開発、報酬決定などが含まれるかもしれません。

スライド9:プレゼンテーションのまとめ(Summary)
人事評価の目的、プロセス、具体的な方法、結果の活用方法についての要点を再度まとめます。

スライド10:Q&A
視聴者からの質問に答えます。事前に予想される質問に対する回答を準備しておくと、このセ

次ページ続く

クションがスムーズに進行します。

この構成は一例であり、具体的な内容や視聴者のニーズに応じて調整が必要です。
また、視覚的に魅力的でわかりやすいグラフやイラストを使用することで、プレゼンテーションの一貫性と説得力を高めることができます。

※GPT-4より出力

テンプレート化の効能

AIを上手に活用することで、短い時間で大量の構成とレイアウト案を作ることができました。情報の出力が一瞬で済み、代わりに**情報の整理整頓**により多くの時間を使うことができます。実際に自分のよく使うテーマのスライド構成があれば、プロンプトになりうる情報を**事前にテンプレート**などにまとめておきましょう。必要なときすぐ活用でき、時間をより効率的に使えます。

テンプレート化することは思考を整理することです。日ごろからどのようなことを考え、どのような情報を集めておくとよいかという、**戦略的な考え方**ができるようになり、効果的なプレゼン準備にも役立ちます。

Chapter 4

スライド制作はAIとヒトの共同作業

ヒトが考えたテーマに沿いAIが提案してくれたプレゼンスライドの構成案を、
今度はヒトがデザインコンセプトを設計し、スライドをデザインしていきます。
PowerPointなどのツールで魅力的なスライドに仕上げるコツをお伝えします。

01 新製品やサービスの提案 ①スライド構成とレイアウト案

AIと共同で、プレゼンスライドの構成作りからPowerPointを使ってのデザインまで行ってみます。1つ目は新製品やサービスを提案するスライドです。

AIに構成とレイアウト案を質問

1つ目のプレゼンスライド例は、**社内向けのプレゼンテーション**を想定したテーマを選びました。「新商品やサービスの提案会議」というカテゴリーから「プログラミング教室のサービス提案」を題材に進めてみます。

テーマタイトル：
オンラインによる子供向けプログラミング教室の企画

このプレゼンスライドを「DESC型」の構成で、AIに作ってもらいましょう。

Chapter3-02~06（→**P.091~113**）では、GPT-4に「スライド構成を出力→レイアウト（文章・ビジュアル・データ）を出力」という順で、質問を2回に分けて構成を考えてもらいましたが、質問回数を省略する場合は一度のプロンプトでレイアウトまで教えてもらうことも可能です。ここでは、一度のプロンプトでレイアウトまで聞いてみました。

あなたはプレゼン制作会社のディレクターです。
以下のスライド構成と、その中で使うべき「文字・ビジュアル・データ」の内容について、詳しく教えてください。
・「オンラインによる子供向けプログラミング教室の企画」というタイトル
・「DESC型（背景、問題点、提案、結論）」の構成
・「8枚」のスライドにまとめる

タイトル：オンラインによる子供向けプログラミング教室の企画
スライド構成：

タイトルスライド
文字：「オンラインによる子供向けプログラミング教室の企画」
ビジュアル：子供たちが楽しそうにプログラミングをするイラストや、オンライン学習のイメージ画像
データ：なし

スライド1：背景
文字：「子供たちのプログラミングスキルの重要性」
ビジュアル：子供たちがプログラミングを活用するシーンのイメージ画像
データ：プログラミング教育の必要性や将来性に関する研究データ

スライド2：問題点①
文字：「プログラミング教育の機会の不足」
ビジュアル：学校でのプログラミング教育が不十分なイメージ画像
データ：学校でのプログラミング教育の実施率や、子供たちのプログラミングスキルに対する自信の調査データ

スライド3：問題点②
文字：「オンライン環境でのプログラミング教育の難しさ」
ビジュアル：オンラインでの学習の課題や困難を表すイメージ
データ：オンラインでの学習による子供たちの集中力低下や、理解度低下の調査データ

スライド4：提案 - 教室内容①
文字：「楽しく学べるプログラミングスキル」
ビジュアル：ゲームやアクティビティを取り入れた教室のイメージ画像
データ：教室でカバーするプログラミングスキルのポイント数

スライド5：提案 - 教室内容②
文字：「オンライン環境に特化したプログラミング教育」
ビジュアル：オンラインでのプログラミング教育の成功例や、効果的なツールの紹介
データ：教室で習得するオンラインプログラミング教育のポイント数

☞次ページ続く

スライド6：提案 - 教室の実施方法
文字：「オンライン教室の開催」
ビジュアル：ZoomやTeamsなどのオンライン会議ツールのイメージ、インタラクティブな教材のイメージ
データ：教室の受講料、日程、受講者数の目安

スライド7：結論
文字：「子供たちのプログラミングスキル向上への道」
ビジュアル：スキルアップした子供たちが自信に満ちたプログラミングを行うイメージ画像
データ：教室修了後の子供たちのプログラミングスキル向上率、満足度調査結果

上記のスライド構成に従って、「オンラインによる子供向けプログラミング教室の企画」を8枚のスライドにまとめました。

背景として子供たちのプログラミングスキルの重要性を説明し、問題点として習得機会の不足やオンライン環境での難しさを挙げます。その解決策として、楽しく学べるプログラミングスキルとオンライン環境に特化したプログラミング教育の2つの教室内容を提案し、オンライン教室の開催方法を説明します。

最後に、教室修了後の子供たちのプログラミングスキル向上率や満足度を示すことで、結論としてこの教室が子供たちのプログラミングスキル向上への道であることを強調します。

※GPT-4より出力

このように、タイトルスライドを含めて8枚の構成とレイアウト案を作ることができました。

ヒトが必ずチェックする

GPT-4は、入力するプロンプトが適切であれば、あっという間に構成案・レイアウト案を出力してくれます。ただし、AIで構成とレイアウト案を作成した後は、**必ず経験豊富なヒトが出力内容をチェック**して、構成や記載内容に修正が必要な部分があれば、スライドのデザイン・制作に取り掛かる前に修正しておきましょう。

新製品やサービスの提案 ②デザインコンセプト

前節のスライド構成とレイアウト案をもとに、プレゼンスライドを作成します。まずスライド全体の「デザインコンセプト」を設計しましょう。

デザインコンセプトの確認

スライドのデザイン作業に入る前に、使用する色やフォント（文字）などのルールを、デザインコンセプトとしてまとめます。デザインコンセプトについては、Chapter2-08（→P.071）でも解説していますので、参照してください。

下の図が作成するスライドの完成形です。

オンラインによる子供向けプログラミング教室の企画（DESC型）

1.タイトル

2.背景

3.問題点①

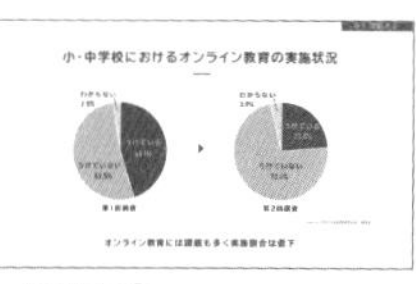

4.問題点②

5.提案①

6.提案②

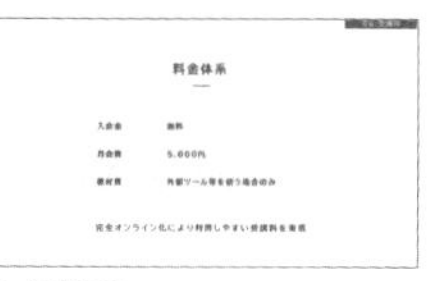

7.提案③

8.結論

配色

- 背景　ホワイト（#FFFFFF）
- 文字　ダークグレー（#0D0D0D）
　　　ホワイト（#FFFFFF）
- あしらい　ブルー（#0F3BF4）

フォント

- 和文：BIZ UDPゴシック
- 欧文：Bahnschrift

「コンセプトシート」にまとめる

デザインコンセプトは「**コンセプトシート**」の形でまとめておくとよいでしょう。会社のテーマに沿った、複数のプレゼンスライドに適用できるシンプルなコンセプトシートを**テンプレート化**しておけば、さまざまな資料作成の際に使い回しができ便利です。

ここでは、社内向けプレゼンスライドのコンセプトシートと、デザインコンセプトをまとめる際のポイントを紹介します。

コンセプト

コンセプトは、スライドのテーマタイトルから具体的なデザインを導き出す考え方の基礎となるべきものです。社内に向けたプレゼンのテンプレートであれば、**企業理念や、会社のビジョンなどを表すデザイン要素**を考えて、それらをどのようにスライドデザインに反映するかを明確にします。このプロセスはとても大切なので、時間をかけて意味やメッセージを、視覚的な表現に落とし込みましょう。

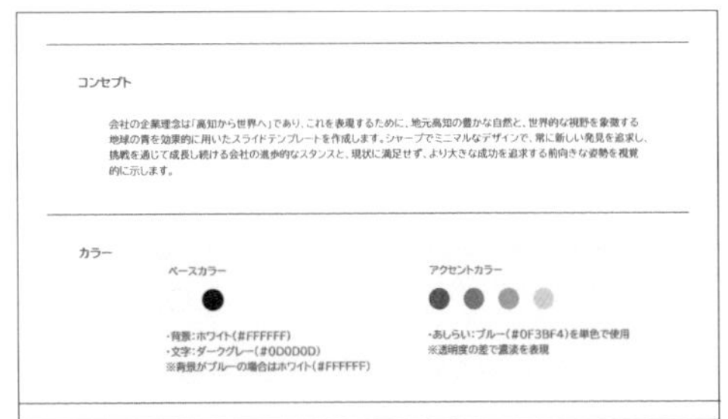

図 コンセプトシートの例

【コンセプトの例】
会社の企業理念は「高知から世界へ」であり、これを表現するために、地元高知の豊かな自然と、世界的な視野を象徴する地球の青を効果的に用いたスライドテンプレートを作成します。
シャープでミニマルなデザインで、常に新しい発見を追求し、挑戦を通じて成長し続ける会社の進歩的なスタンスと、現状に満足せず、より大きな成功を追求する前向きな姿勢を視覚的に示します。

カラー

配色はプレゼンスライドの**視覚的な統一感**を作り出す、重要なデザイン要素の一つです。

社内プレゼン用のテンプレートであれば、会社のロゴカラー、またはコーポレートカラーをベースにしてカラーパレットを作るのがよいでしょう。配色が決まったら、HEX形式（16進数）のカラーコードで、スライドの背景、文字、あしらいなどに使用する各色を正確に示しておきます。

【サンプルの配色例】
- **背景：ホワイト（#FFFFFF）**
- **文字：ダークグレー（#0D0D0D）**
  ホワイト（#FFFFFF）
- **あしらい：ブルー（#0F3BF4）**

フォントタイプ

フォントは情報を伝える重要な要素であり、デザインの一部としても機能します。企業のブランドイメージに一致するフォントを選び、視覚的に魅力的で読みやすいことを確認します。**タイトル、サブタイトル、本文用に異なるフォントサイズ**を設定しておくのがおすすめです。

【サンプルのフォント例】
- **和文：BIZ UDPゴシック**
- **欧文：Bahnschrift**

キービジュアル

キービジュアルは、**プレゼン全体のテーマやメッセージを視覚的に表現**する主要なグラフィック要素です。これは通常、スライドの全体的な背景やあしらいなどで表現されます。

図 フォントとキービジュアルのルール設定

キービジュアルの中ではイメージの他、情報を簡潔に視覚化するためにアイコンのデザインルールを決める場合もあります。作例ではPowerPointに搭載されているストックアイコンを使用していますが、企業によっては独自のアイコンをデザインする場合もあります。

スライドイメージ

スライドイメージは、各スライドがどのように見えるか、またはどのような印象を与えるかを示すものです。つまり、レイアウト、カラーパレット、フォント、イメージ、アイコンの使用方法など、デザイン要素の組み合わせを複数のスライドで表現することで、スライドデザインの全体的なイメージが湧くようにします。

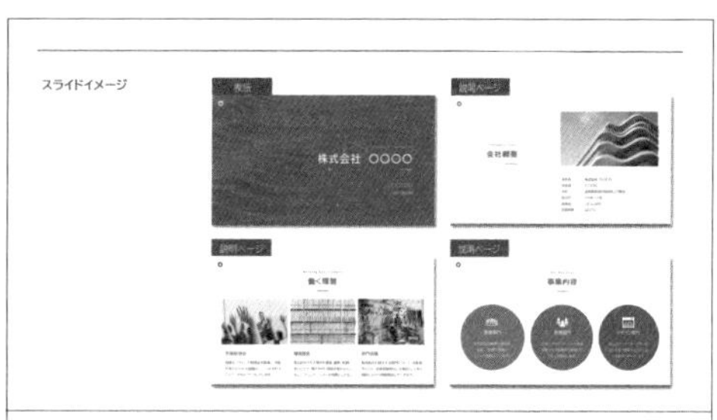

図 スライドイメージ

03 新製品やサービスの提案 ③デザイン

構成案とデザインコンセプトが決まったら、スライドのデザインに取りかかりましょう。実際にスライド化する際の流れとポイントをお伝えします。

スライドを作成

Chapter4-01（→P.121）の構成案・レイアウト案、Chapter4-02（→P.123）のデザインコンセプトをもとに、プレゼンスライドを作っていきます。

ここでは、PowerPointを使って作成する流れを前提に、作り方のポイントを解説します（PowerPointの使用方法について不安が残る方は、他の参考書や拙著『誰でも作れるセンスのいいパワポ PowerPointデザインテクニック』などを参照いただくといいでしょう）。

1）タイトル

タイトルスライドについて、GPT-4から次のレイアウト案が提案されていました。

G
・文字：「オンラインによる子供向けプログラミング教室の企画」
・ビジュアル：子供たちが楽しそうにプログラミングをするイラストや、オンライン学習のイメージ画像
・データ：なし

※GPT-4による出力

①プログラミングをする子供のイラストを探す

PowerPointのストック画像から「PC 子供」で検索して写真を探し、スライド画面に貼り付けます 図1 。

図1 写真を検索して貼り付ける

②写真にタイトル文字をのせる

長方形で半透明のあしらいを作り、その上にタイトル文字を乗せます 図2 。

図2 タイトル文字を乗せる

③スライドデザインをブラッシュアップ

「図の形式→色→色の彩度」で写真の彩度を変更します。英語のタイトルをつけて、日本語を小さめに配置するとおしゃれに見えます 図3 。

図3 英語のタイトルを加え、配置や文字サイズを調整

2)「背景」ページ

背景について、GPT-4から次のレイアウト案が出力されていました。

G
・文字:「子供たちのプログラミングスキルの重要性」
・ビジュアル:子供たちがプログラミングを活用するシーンのイメージ画像
・データ:プログラミング教育の必要性や将来性に関する研究データ

※GPT-4による出力

スライドに載せるデータが必要になるので、AIに聞いてみましょう。GPT-4に「プログラミング教育の必要性や将来性に関する研究データ を10個教えてください」と入力しても、2021年9月以前の古い情報しか出力してくれませんでした(2023年5月、執筆時点)。そこで、同じ質問をMicrosoft Bingに聞いてみます。

B
プログラミング教育の必要性や将来性に関する研究データについて、以下の10個の情報をお伝えできます。

1.2020年度文部科学省の調査によると、小学校でのプログラミング教育の実施率は、全国平均で約50%であることがわかりました1。

2.プログラミング教育は、IT業界だけでなく、あらゆる業界で必要とされるスキルです。例え

☞次ページ続く

B

ば、自動車業界では、自動運転技術の発展に伴い、プログラミング技術が必要不可欠となっています2。

3.プログラミング教育は、子どもたちの創造力や問題解決能力を高めることができます2。

4.プログラミング教育は、子どもたちの将来においても重要なスキルとなります。
例えば、2020年度文部科学省の調査によると、
小学校6年生のうち約7割が「プログラマーになりたい」と回答しています1。

5.プログラミング教育は、子どもたちの社会性を高めることができます。
例えば、プログラミング教育を通じてチームワークやコミュニケーション能力を身につけることができます2。

6.プログラミング教育は、子どもたちの学力向上にもつながります。
例えば、プログラミング教育を通じて数学や理科の授業においても理解度が向上することがわかっています2。

7.プログラミング教育は、子どもたちの就職活動においても有利です。例えば、IT企業だけでなく、金融業界や製造業界でもプログラマーを求める企業が増えています2。

8.プログラミング教育は、子どもたちの未来において必要不可欠なスキルとなります。
例えば、2020年度文部科学省の調査によると、「プログラムを書くことができる人材」は今後5年間で最も求められる人材とされています1。

9.プログラミング教育は、子どもたちの自己表現力を高めることができます。例えば、プログラムを書くことで自分自身が考えたアイデアを形にすることができます2。

10.プログラミング教育は、子どもたちの将来においてグローバル化した社会に対応するスキルを身につけることができます。例えば、海外企業でも日本企業でもプログラマーを求める企業・・・(以下省略)
詳細情報:1.mext.go.jp 2.sejuku.net 3.soumu.go.jp

※Microsoft Bingより出力

このように、リンク付きで様々な関連サイトとその要約を教えてもらうことができました。
この中から、経済産業省の「IT人材需給に関する調査(概要)」に掲載されている情報を利用することにします。

①参考資料をもとにグラフ化

Bingが提案してくれた参考資料の中から、スライドに引用するデータを決めます。必要なデータ部分を選び、PowerPointで新しくグラフとして作成します 図4 。引用するデータから一部を抜粋する際は、データを恣意的に変えないよう留意してください。

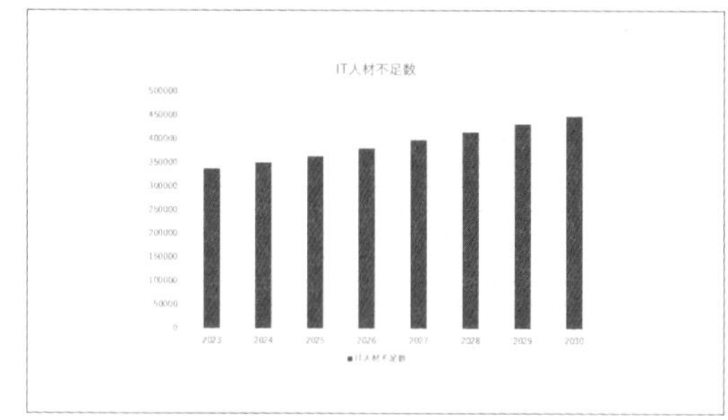

図4 引用元の資料をもとに、新たにグラフを作成

グラフ出典：
経済産業省 情報技術利用促進課, 平成31年4月「IT人材需給に関する調査（概要）」P.2,<参考1>IT人材需給の試算結果より、中位シナリオのデータを抜粋し、作成したグラフです。
https://www.meti.go.jp/policy/it_policy/jinzai/gaiyou.pdf

②デザインをブラッシュアップ

タイトルや目立たせたい数字など、テキストボックスの配置を調整します 図5 。そして、データの引用元や参考文献などの記載を忘れずに行います。

図5 デザインを調整

3）「問題点1」ページ

現状の問題点について、GPT-4から次のレイアウト案が出力されていました。

・文字：「プログラミング教育の機会の不足」
・ビジュアル：学校でのプログラミング教育が不十分なイメージ画像
・データ：学校でのプログラミング教育の実施率や、子供たちのプログラミングスキルに対する自信の調査データ

※GPT-4による出力

①写真とテキストで問題提起

このスライドでは、GPT-4が提案してくれた構成案の中から、「学校でのプログラミング教育が不十分な状況」を、写真とテキストで問題提起する内容としました 図6 。イメージに沿った画像を、スライド全面に配置してインパクトを出すとともに、テキストで訴求します。フォントはデザインコンセプトに則り、スライド全体で統一感を出します。

図6 写真を全面に敷き、テキストを配置

4)「問題点2」ページ

「問題点2」について、GPT-4から次のレイアウト案が出力されていました。

・文字：「オンライン環境でのプログラミング教育の難しさ」
・ビジュアル：オンラインでの学習の課題や困難を表すイメージ
・データ：オンラインでの学習による子供たちの集中力低下や、理解度低下の調査データ

※GPT-4による出力

①必要な情報をグラフ化する

参考とするデータから、スライドに引用するデータを決め、PowerPointで新しくグラフを作成します 図7 。ここで引用するグラフは、引用元の資料では棒グラフですが、作成するスライド上では円グラフにすることで、見やすくしました。

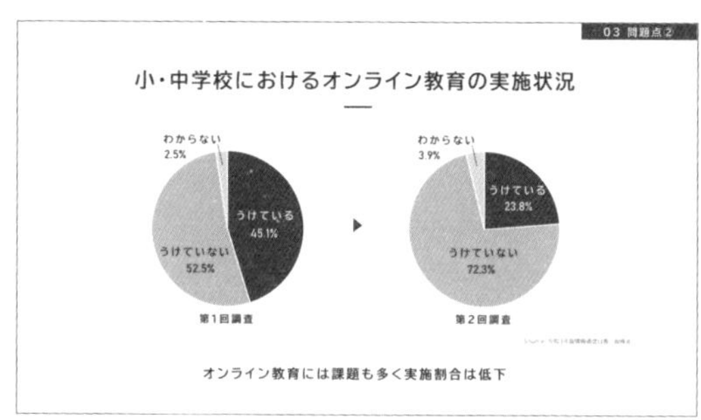

図7 参考資料のデータを円グラフ化

グラフ出典：
総務省「令和3年版情報通信白書」
第1部-第2章-第2節-2-（3）-ウ-図表2-2-2-9より、「全国」のデータを抜粋し、円グラフ化したものです。
https://www.soumu.go.jp/johotsusintokei/whitepaper/ja/r03/html/nd122230.html

5）「提案1」のページ

「提案1」について、GPT-4から次のレイアウト案が出力されていました。

- 文字：「楽しく学べるプログラミングスキル」
- ビジュアル：ゲームやアクティビティを取り入れた教室のイメージ画像
- データ：教室でカバーするプログラミングスキルのポイント数

※GPT-4による出力

①イメージに合う画像を作成

GPT-4の提案してくれたビジュアルイメージに合う画像を探します。PowerPointの「ストック画像」では、イメージに合う必要な画像が見つからない場合もあります。今回は、Microsoft Designerを使ってイメージに合う画像を探して、ダウンロードしました。

Microsoft DesignerはAIを搭載したデザインツールです。「programming school」のように、制作したいデザインの情報をテキストで指示すれば、AIがイメージに合うグラフィックデザインを提供してくれます（使用にはMicrosoftアカウントでのサインインが必要です）図8。

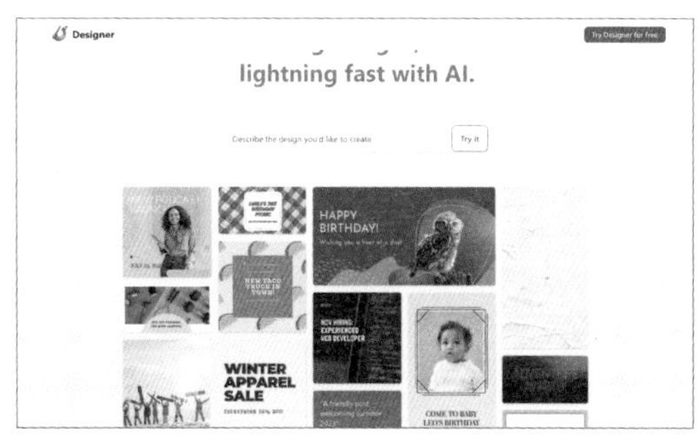

図8 Microsoft Designer
https://designer.microsoft.com/

②PowerPoint上で編集する

Microsoft Designerが提供してくれた画像をダウンロードしたら、PowerPointのスライド上に貼り付け、不要な部分はトリミングします 図9。複数の画像を並列に使用する場合は、同じ大きさを揃えると美しく見えます。

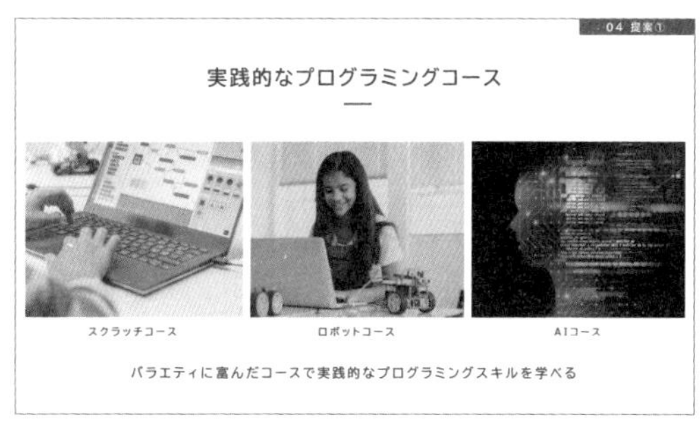

図9 写真をトリミングして整える

「提案2」ページ

「提案2」について、GPT-4から次のレイアウト案が出力されていました。

G
- 文字：「オンライン環境に特化したプログラミング教育」
- ビジュアル：オンラインでのプログラミング教育の成功例や、効果的なツールの紹介
- データ：教室で習得するオンラインプログラミング教育のポイント数

※GPT-4による出力

①イメージに合う画像を作成

「提案1」と同様に、Microsoft Designerでイメージに合う画像を探してダウンロードし、大きさを揃えて配置します 図10 。

図10 写真を配置

7)「提案3」

「提案3」について、GPT-4から次のレイアウト案が出力されていました。

・ビジュアル：ZoomやTeamsなどのオンライン会議ツールのイメージ、インタラクティブな教材のイメージ
・データ：教室の受講料、日程、受講者数の目安

※GPT-4による出力

①料金体系の表を作成

PowerPointで、グレーのシンプルな表を作成します。文字を入力し、料金体系表を作成します 図11 。具体的な料金体系や金額はAIは提案してくれませんので、ヒト側で設定してください。

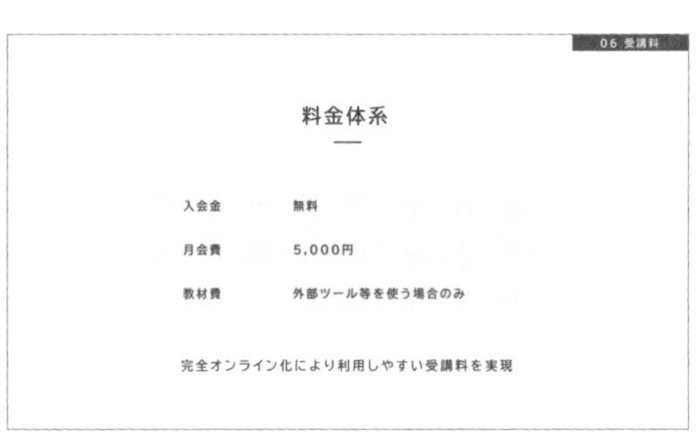

図11 料金体系表を作成

8）結論

最後のスライドです。「結論」について、GPT-4から次のレイアウト案が出力されていました。

・文字：「子供たちのプログラミングスキル向上への道」
・ビジュアル：スキルアップした子供たちが自信に満ちたプログラミングを行うイメージ画像
・データ：教室修了後の子供たちのプログラミングスキル向上率、満足度調査結果

※GPT-4による出力

①写真＋文字のスライドを作成

GPT-4が提案したビジュアルイメージに沿い、PowerPointの「ストック画像」で「PC　子供」で検索します。写真を探したら、タイトルのスライド作成時と同様に、写真に長方形と文字を乗せたスライドを作成します 図12 。

図12 写真に長方形と文字を乗せる

まとめ

スライド構成やレイアウト、コンテンツの情報をAIに準備してもらうことで、実際の企画会議で使えそうな8枚のプレゼンスライドを1日もかからずに作成できました。社内向けプレゼンのスライド制作に慣れたら、社外向けプレゼンスライドも作ってみましょう。

新卒採用プレゼン
①スライド構成とレイアウト案

1つ目の社内向けのプレゼンを想定したスライド例に続き、2つ目は社外向けプレゼンを想定した「企業の新卒採用プレゼン」のスライドを例にします。

採用プレゼンはニーズが多い

ここで例に取り上げるのは、**学生を対象にした企業採用の合同説明会**などで、採用担当者が自社のプレゼンを行うためのものです。

企業にとって採用活動は、現在・近い将来の不足人材を補うのはもちろん、組織の活性化にもつながる重要なものです。それまで組織にはなかったスキルや特性を持つ新しいメンバーが加わることで、チーム全体のパワーアップにつながります。筆者に依頼のあるプレゼン制作の中でも、採用プレゼンはニーズの多いジャンルの1つです。

テーマタイトル：
学生向け会社説明会の新卒採用プレゼン

まずは、新卒採用プレゼンの構成とレイアウトを、8枚の「DESC型」でAIに作ってもらいましょう。Chapter4-01（→P.120）のときと同様に、一度のプロンプトでレイアウトまで聞いてみます。

あなたはプレゼン制作会社のディレクターです。
合同説明会で担当者が学生に向けて会社説明するための、新卒採用プレゼンの構成を全部で8枚のスライドで作り、その中で使うべき「文字・ビジュアル・データ」の内容について詳しく教えてください。

このプロンプトで、GPT-4から返ってきた構成案には、テーマタイトルのスライドが含まれていませんでした。そこで、プロンプトの内容を少し変えて、もう一度聞き直します。

あなたはプレゼン制作会社のディレクターです。
合同説明会で担当者が学生に向けて会社説明するための、新卒採用プレゼンの構成を、**タイトルを含めて**全部で8枚のスライドで作り、その中で使うべき「文字・ビジュアル・データ」の内容について詳しく教えてください。

G 以下に、タイトルを含めた8枚のスライドによる新卒採用プレゼンテーションの構成案を提案します。

1.スライド1：タイトルページ
・文字：プレゼンテーションのタイトル（例："［会社名］新卒採用説明会"）、日付、担当者の名前
・ビジュアル：会社のロゴ
・データ：特になし

2.スライド2：会社概要
・文字：会社の名前、設立年、所在地、主な事業内容
・ビジュアル：会社の建物やオフィスの写真
・データ：従業員数、年間売上、事業領域の数

3.スライド3：会社のミッションとビジョン
・文字：会社のミッションとビジョンのステートメント
・ビジュアル：ミッションとビジョンに関連するイメージやアイコン
・データ：特になし

4.スライド4：事業内容と市場
・文字：主要な事業領域、商品またはサービスの説明
・ビジュアル：商品またはサービスの写真、事業領域を示すイラスト
・データ：市場規模、市場シェア、成長率

5.スライド5：企業文化と働き方
・文字：企業文化、働き方（リモートワーク、フレックスタイムなど）の説明

☞次ページ続く

・ビジュアル：社員の活動の写真、オフィスの様子
・データ：従業員満足度、働きがいのある企業ランキングなど

6.スライド6：研修とキャリア開発
・文字：新卒研修プログラム、キャリア開発の取り組みの説明
・ビジュアル：研修の様子を示す写真、キャリアパスのイラスト
・データ：研修参加者数、昇進速度、従業員の平均在籍年数

7.スライド7：福利厚生と報酬
・文字：提供している福利厚生（保険、休暇、リモートワーク、社員旅行等）、給与体系の説明。
・ビジュアル：福利厚生を象徴するイメージ（例：健康保険カードのイラスト、旅行の写真等）。
・データ：平均給与、休日日数、保険加入率等。

8.スライド8：会社と一緒に成長しましょう
・文字：新入社員がどのような業務を行い、どのように成長していくのかのビジョン、エンディングメッセージ。
・ビジュアル：新入社員の1日を描いたイラストや写真、会社のチームの写真。
・データ：新入社員の1年間の成長事例（例：初年度のプロジェクト参加数、スキルアップの具体的な数値等）。

各スライドは視覚的に魅力的であり、同時に具体的なデータによって説明の信頼性を裏付けるようにしてください。また、プレゼンテーション全体を通じて、会社のブランドイメージと一貫性を保つことも重要です。

※GPT-4による出力

これで、テーマタイトルのスライドを含めて8枚の構成とレイアウト案を作ることができました。

AIの構成・レイアウト案をヒトがデザインすると

先ほどGPT-4に教えてもらった構成・レイアウト案を、筆者が手を加えてデザインしたものが次のようになります。

学生向け会社説明会の新卒採用プレゼン（DESC型）

1.タイトル

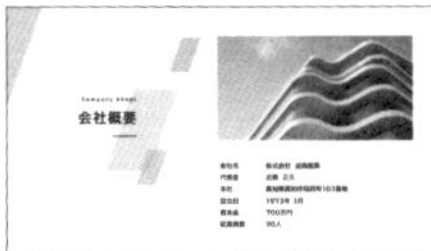

2.会社概要

3.企業理念

4.事業内容

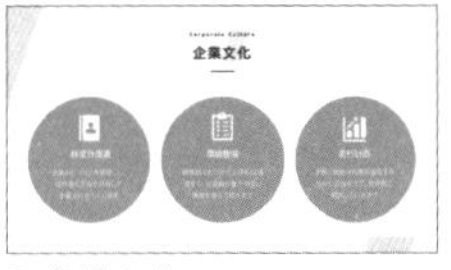

5.企業文化

6.企業研修

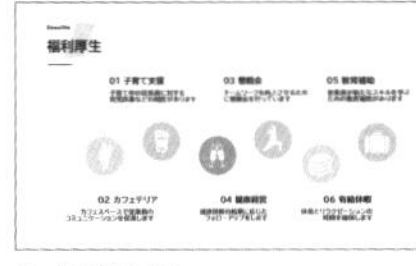

7.福利厚生

8.メッセージ

図 AIが考えた構成・レイアウト案に沿って、筆者がデザイン

ヒトが作った構成・レイアウト案との比較

ここで、AIが作った構成とレイアウト案を、ヒトが作った（筆者が考えた）構成・レイアウト案と比較してみましょう。採用スライドの構成にはいろいろなバリエーションがありますが、ここではスライド10枚で、次のようなSDS型の構成とレイアウトで考えました。構成・レイアウト案の文字情報だけでは比較がしづらいため、ここではデザインした状態

〇オープニング3枚：
①表紙、②自己紹介、③企業理念
〇ボディ5枚：
④会社概要、⑤事業内容、⑥募集職種、⑦働く環境、⑧選考フロー
〇クロージング2枚：
⑨メッセージ、⑩会社説明会

学生向け会社説明会の新卒採用プレゼン（SDS型）

◯オープニング

1.タイトル

2.自己紹介

3.企業理念

◯ボディ

4.会社概要

5.事業内容

6.募集職種

7.働く環境

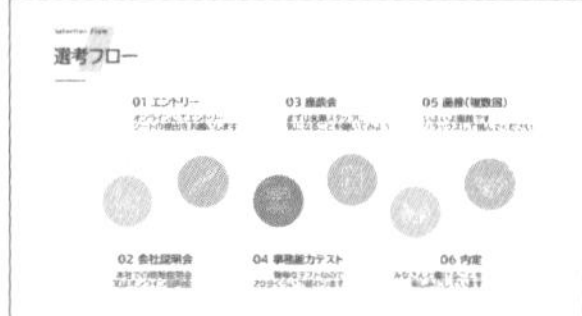

8.選考フロー

◯クロージング

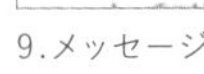

9.メッセージ

10.会社説明会

図 ヒトが構成・レイアウト案を考え、デザインしたもの

を比べています。
どうでしょうか？ AIが考えてくれたもの（→P.139）と比べて、大まかな流れにあまり違いがないことがわかると思います。

AIが考えた構成は8枚という条件があったので、コンパクトにまとめられていますが、**持ち時間の長さに応じてスライド枚数を調整**したり、ほしいスライドの内容を指定したりすることで、よりヒトが作る自然な流れのスライド構成に近づけることができます。スライドのデザインコンセプトの決め方や、具体的な作り方については、次節以降で説明していきます。

新卒採用プレゼン ②デザインコンセプト

スライド全体の「デザインコンセプト」を設計します。スライドの用途や聴衆のペルソナに応じたデザインコンセプトを考えるようにしましょう。

「コンセプトシート」の作成

実際にスライドをデザインする作業に着手する前に、使用する色やフォント（文字）などのデザインのコンセプトを考え、「コンセプトシート」にまとめます。

下の図が作成するスライドの完成形です。

スライドテーマ：学生向け会社説明会の新卒採用プレゼン

1.タイトル

2.会社概要

3.企業理念

4.事業内容

5.企業文化

6.企業研修

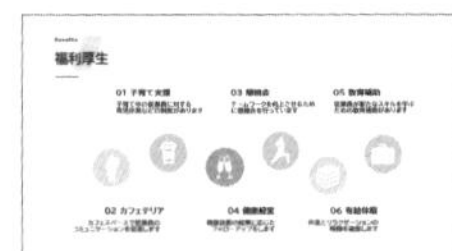

7.福利厚生

8.メッセージ

配色

- 背景　ホワイト（#FFFFFF）
- 文字　ダークグレー（#0D0D0D）
- あしらい　ベージュ（#CDCAB4）
  ブラウン（#C5B292）
  モカ（#867C72）
  グリーン（#8BB3A3）

フォント

- 和文：BIZ UDPゴシック
- 欧文：Bahnschrift

用途や聴衆のペルソナに合わせたデザインコンセプトを考える

社外に向けたプレゼンテーションでは、**営業・採用・研修などの用途や聴衆のペルソナ**に合わせてスライドのデザインコンセプトを考えることで、より魅力的なスライドを作ることができます。

コンセプト

学生向けの採用プレゼンのスライドでは、**企業の魅力と、そこで働くことの利点を最大限に伝える**ことを目指します。企業の文化、価値観、機会、そして学生がキャリアを築くのに最適な環境であることを強調し、**企業のイノベーションと成長の可能性を表現**しましょう。

【コンセプトの例】
・企業合同説明会で行う学生向けのプレゼンで使用するため、「高知から世界へ」という企業理念を中心に、企業概要の他、地方の特色を生かした働き方や、世界で活躍する人材に育成する研修制度についてイメージ写真を用いてわかりやすく説明します。

・ミニマルなデザインでまとめ、余白をとった視認性の高いデザインにすることで、企業への前向きなイメージを持ってもらい、学生がポイントを把握して企業への理解を深め、会社説明会参加への動機づけとなるスライドを作成します。

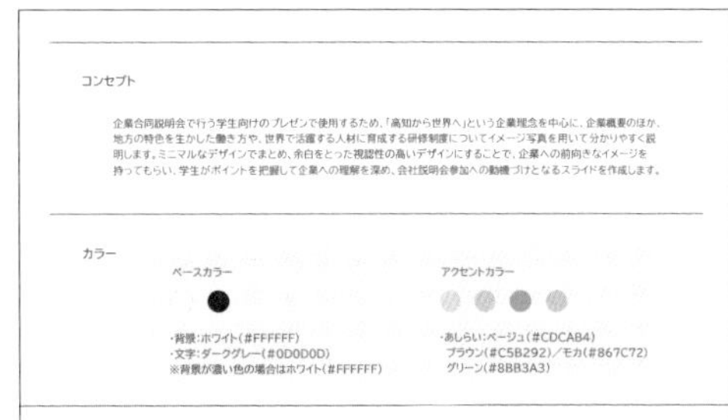

図 コンセプトシートの例

カラー

採用プレゼンのスライドの場合、ペルソナ、つまり**対象とする学生に合わせたカラースキーム**（配色計画）を考えます。今回のスライドでは、洗練された雰囲気を出すために、落ち着いた配色のマルチカラーを使用しました。

明るく活気のある色彩を用いて、学生にエネルギーとポジティブな雰囲気を伝えたり、企業のコーポレートカラーを用いてブランドイメージを伝えたりするのもおすすめです。

【サンプルの配色例】
・背景：ホワイト（#FFFFFF）
・文字：ダークグレー（#0D0D0D）
・あしらい：ベージュ（#CDCAB4）
　　　　　ブラウン（#C5B292）
　　　　　モカ（#867C72）
　　　　　グリーン（#8BB3A3）

フォントタイプ

学生向けの採用プレゼンは、様々な場面・場所でプレゼンテーションを行うことが予測されるため、明瞭さと可読性に優れた、クリーンで現代的なフォントを選択します。また、学生が親しみやすい少しカジュアルな雰囲気を持つフォントを選ぶのもおすすめです。

【サンプルのフォント例】
- 和文：BIZ UDPゴシック
- 欧文：Bahnschrift

キービジュアル

採用プレゼンのスライドでは、学生の注目を集めるために、ビジュアルが特に大切になります。社員の一日や働く風景、製品やサービスなど、企業の魅力を具体的に示す写真やイラストを使用します。今回のスライドでは最後まで飽きずに見てもらえるように、平行四辺形のあしらいでデザインに軽やかさを加えています。

アイコンはシンプルで視覚的にわかりやすいものを使用して、**企業の特徴、利点、事業部門などを視覚化**し、情報を効果的に伝えましょう。

図 フォント、キービジュアルとアイコン

スライドイメージ

スライドイメージを作ることで、**スライド全体のデザインがどのように統合**され、情報がどのように学生の前に提供されるかをあらかじめ想起できるようにします。キービジュアル、カラーパレット、フォント、アイコンなどの要素を確認し、また、企業のストーリーを効果的に伝えるスライドの流れを考えましょう。

ここでは3パターンのスライドイメージを考えてみました。いくつかのデザインを比較することで、イメージに合うものを選ぶことができます。

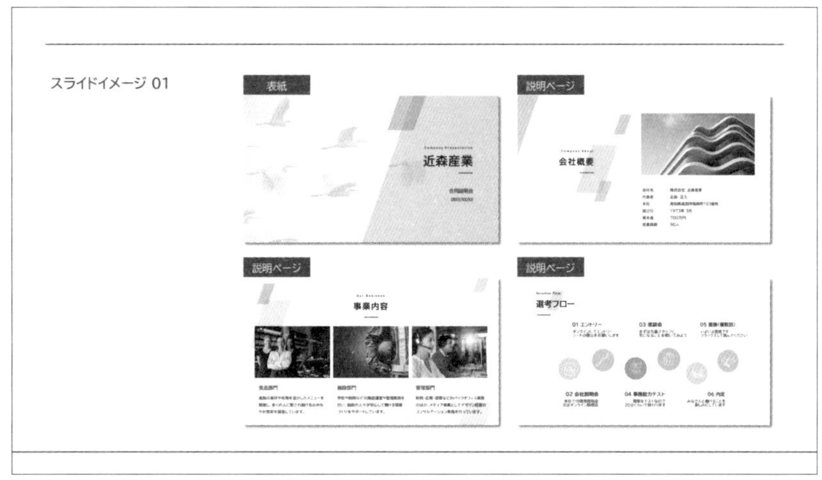

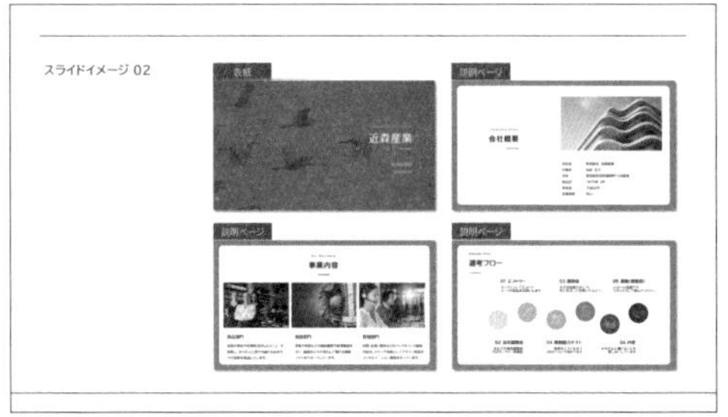

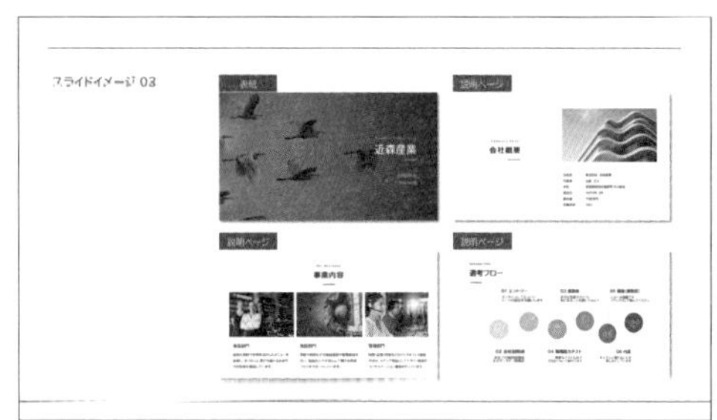

図 3パターンのスライドイメージ

新卒採用プレゼン ③デザイン

スライドをデザインしていきます。AIが提案してくれた構成・レイアウト案の他に、ヒトが考えたもののデザインも見ていきましょう。

AIが考えた構成・レイアウト案のデザイン

「学生向け会社説明会の新卒採用プレゼン」をテーマにしたスライドのデザインを見ていきます。Chapter4-04で紹介したスライドのデザイン例には、構成・レイアウト案をGPT-4が提案してくれたもの（→**P.139**）とヒト（筆者）が考案したもの（→**P.140**）がありました。

ここでは先にAIが提案した内容のデザイン化を簡単に紹介した後、次節でヒトが考えた内容のスライドデザインを詳しく解説していきます。デザインコンセプトはどちらも共通ですので、具体的にデザインする方法については次節を参照してください。

1）「タイトル」のスライド

タイトルスライドについて、GPT-4が提案してくれたのは、次の構成・レイアウト案でした。

G
・文字：プレゼンテーションのタイトル（例："［会社名］新卒採用説明会"）、日付、担当者の名前
・ビジュアル：会社のロゴ
・データ：特になし

※GPT-4による出力

ランダムなあしらいで飾る

平行四辺形をあしらいのモチーフにし、異なる大きさでランダムに配置して、軽快な印象にしています 図1。この平行四辺形のあしらいは、大きさや配置を変えながら、スライド全体で繰り返し使用しています。

図1 様々な大きさの平行四辺形をあしらう

2)「会社概要」のスライド

会社概要について、GPT-4が提案してくれた内容は次の通りです。

G
- 文字：会社の名前、設立年、所在地、主な事業内容
- ビジュアル：会社の建物やオフィスの写真
- データ：従業員数、年間売上、事業領域の数

※GPT-4による出力

会社の情報と写真を配置

会社名や所在地、事業内容、従業員数など、基本情報を入力して配置します。ビジュアルとして、会社の外観やオフィスの内観を想起させる写真も載せます 図2。

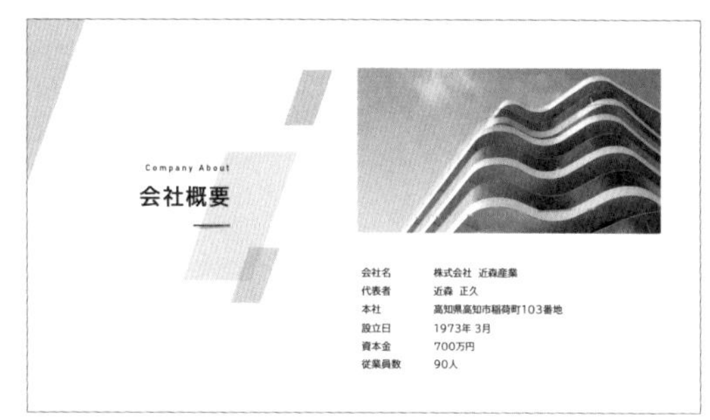

図2 会社概要と写真を配置

3)「企業理念」のスライド

企業理念について、GPT-4が提案してくれた内容は次の通りです。

G
・文字：会社のミッションとビジョンのステートメント
・ビジュアル：ミッションとビジョンに関連するイメージやアイコン
・データ：特になし

※GPT-4による出力

背景に写真を加える

会社のミッションとビジョンを文字情報で伝えるだけではく、「飛躍」や「未来」をイメージさせる写真を背景に使用しました。

図3 ミッションとビジョンをビジュアルでも伝える

4)「事業内容」のスライド

事業内容について、GPT-4が提案してくれた内容は次の通りです。

G
・文字：主要な事業領域、商品またはサービスの説明
・ビジュアル：商品またはサービスの写真、事業領域を示すイラスト
・データ：市場規模、市場シェア、成長率

※GPT-4による出力

写真のサイズは均一に

事業領域や製品・サービスの説明と、それぞれのイメージが伝わるビジュアルを配置します。複数の画像を並列に乗せるときは、大きさを統一するとデザイン的に美しく見えます。

図4 事業領域を写真で文字で説明

5)「企業文化」のスライド

企業文化について、GPT-4が提案してくれた内容は次の通りです。

G
- 文字：企業文化、働き方（リモートワーク、フレックスタイムなど）の説明
- ビジュアル：社員の活動の写真、オフィスの様子
- データ：従業員満足度、働きがいのある企業ランキングなど

※GPT-4による出力

アイコンで視覚化

企業の特徴や利点を、文字情報だけでなく、キービジュアルにアイコンを用いて視覚化しました。写真ではなく意図的にアイコンを用いることで、自由なイメージを膨らませてもらう効果が狙っています。

図5 アイコンと文字で訴求

6)「企業研修」のスライド

企業研修について、GPT-4が提案してくれた内容は次の通りです。

・文字：新卒研修プログラム、キャリア開発の取り組みの説明
・ビジュアル：研修の様子を示す写真、キャリアパスのイラスト
・データ：研修参加者数、昇進速度、従業員の平均在籍年数

※GPT-4による出力

写真のサイズを揃える

「事業内容」と同じレイアウト、デザインになっています。キービジュアルは内容に合わせて、研修の様子やキャリアアップを想起させる写真を使用しています。

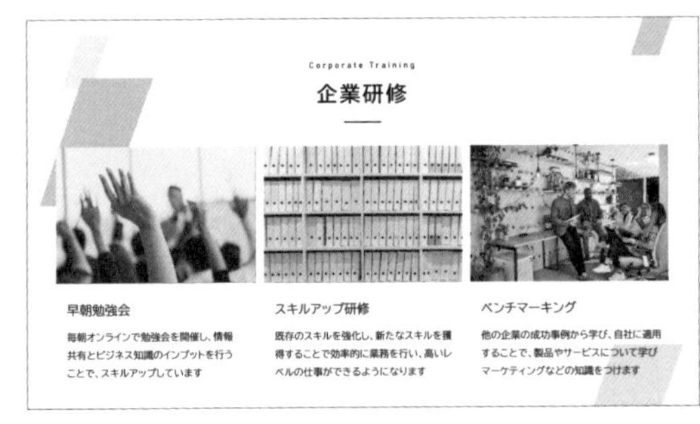

図6 企業研修をイメージさせるビジュアル使用

7)「福利厚生」のスライド

福利厚生について、GPT-4が提案してくれた内容は次の通りです。

・文字：提供している福利厚生（保険、休暇、リモートワーク、社員旅行等）、給与体系の説明。
・ビジュアル：福利厚生を象徴するイメージ（例：健康保険カードのイラスト、旅行の写真等）。
・データ：平均給与、休日日数、保険加入率等。

※GPT-4による出力

レイアウトに動きをつける

正円とアイコンのビジュアルに、文字情報を組み合わせています。ランダムな配置にすることで軽やかな印象にしています 図7 。

図7 ランダムな配置で軽快さを出す

8）「メッセージ」のスライド

メッセージについて、GPT-4が提案してくれた内容は次の通りです。

- 文字：新入社員がどのような業務を行い、どのように成長していくのかのビジョン、エンディングメッセージ。
- ビジュアル：新入社員の1日を描いたイラストや写真、会社のチームの写真。
- データ：新入社員の1年間の成長事例（例：初年度のプロジェクト参加数、スキルアップの具体的な数値等）。

※GPT-4による出力

写真で効果的に印象づける

聴き手である学生が、入社後の「未来」を想起できるような、明るいイメージの写真を背景に使用しています。プレゼンの最後を良い印象で締めくくるようにしましょう。

図8 明るい未来を象徴するビジュアルで終わる

07 新卒採用プレゼン ④PowerPointでデザイン

ヒトが考えた構成・レイアウト案のスライドデザインを、PowerPointを使って仕上げる方法を解説します。

ヒトが考えた構成・レイアウト案

Chapter4-04（→P.140）でヒトが考えた構成とレイアウト案のうち、2～6と8について、具体的なスライドの作り方を説明します。

なお、スライド全体やフォントの設定は以下の通りです。

スライドサイズ

- 幅　33.87cm
- 高さ　19.05cm

フォント

- 和文フォント　BIZ UDPゴシック
- 欧文フォント　Bahnschrift

フォントサイズ

- タイトル文字
  - 和文　30pt
  - 欧文　12pt
  - 文字の間隔　広く
- コンテンツの文字
  - 見出し　18pt
  - 本文　14pt

学生向け会社説明会の新卒採用プレゼン（SDS型）

・オープニング

1.タイトル

2.自己紹介

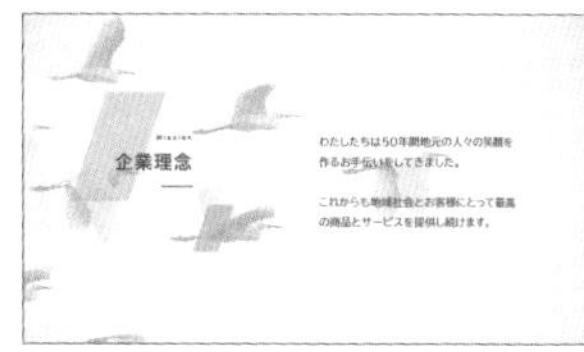

3.企業理念

・ボディ

4.会社概要

5.事業内容

6.募集職種

7.働く環境

8.選考フロー

・クロージング

9.メッセージ

10.会社説明会

図 ヒトが構成・レイアウト案を考え、デザインしたもの

「自己紹介」のスライド

プレゼンターの写真と名前、簡単な自己紹介を記載し、聴衆に親近感を持ってもらうための導入用スライドです。自然な笑顔の写真と前向きなエピソードで学生からの好感度を高めましょう。

①写真を配置

PowerPointの［ストック画像］から好きな写真（作例は「スーツ」で検索）を選び、ドラッグとトリミングで大きさを、「高さ19.05cm×幅26.97cm」に調整して、スライドの左側に配置します 図1。

図1 写真を左側に配置

②ストック画像の使い方

PowerPointの［ストック画像］を使用するには、［挿入］タブから［画像］→［ストック画像］を選びます 図2。次に、［画像］をクリックしてから、検索ウィンドウに探しているイメージに合う写真のキーワードを入力して探します 図3。

好みの写真が見つかったらクリックして選択し、下部の［挿入］ボタンを押せば、スライド上に写真が挿入されます。写真以外にアイコンやイラストも同様の手順で挿入できます。

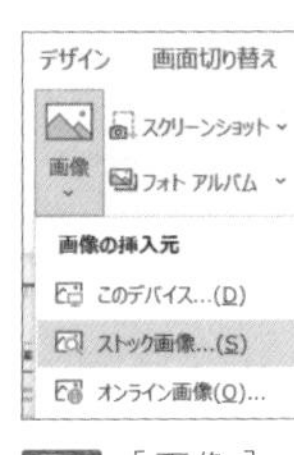

図2 ［画像］→［ストック画像］を選択

図3 キーワードを入れて検索

③マスクを配置

［挿入］タブの［図］→［図形］で、平行四辺形を作成します。［図形の書式］で大きさを「高さ19.05cm×幅25.05cm」に設定したら、スライドの右側にかぶせ、頂点の黄色のハンドル（黄色の丸）をドラッグして角度を調整します 図4 。さらに、［図の書式設定］でホワイト（#FFFFFF）で塗り、「線なし」に設定します 図5 。

図4 平行四辺形を作成

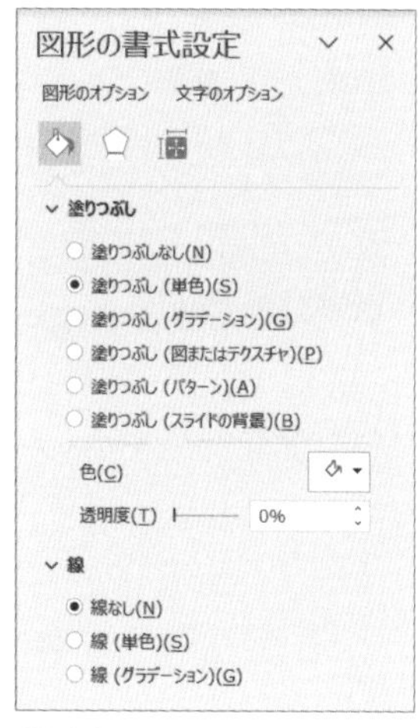

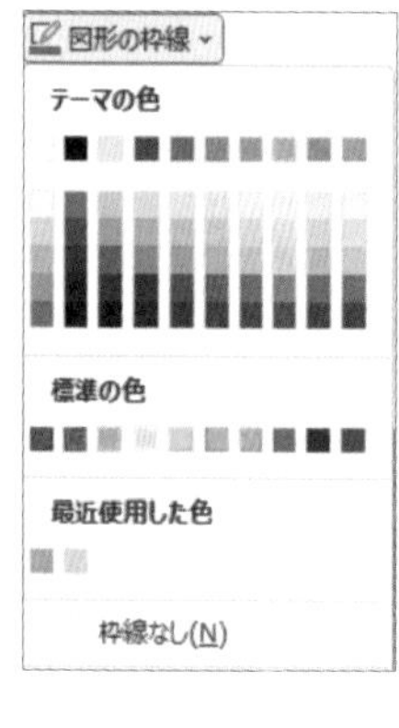

図5 ［図形の枠線］で「枠線なし」に設定

④文字を配置

［横書きテキストボックス］でスライドタイトルの文字を入力し、文字色をダークグレー(#0D0D0D)で、右揃えに配置します。タイトルの下には文字と同じ色で「太さ2pt、長さ1.86cm」の線を引きます 図6。プレゼンターの名前やプロフィールも入力します。

図6 スライドタイトルを入れる

⑤あしらいを配置

あしらいとなる平行四辺形を作成して大きさを「高さ6.3cm×幅5.8cm」に設定し、手順③で作った平行四辺形と同じ角度に調整します。色をグリーン(#8BB3A3)、透明度「60%」で塗り(線なし)、写真とホワイトの平行四辺形の間に配置します 図7。

図7 平行四辺形のあしらいをつける

「企業理念」のスライド

企業理念とは、企業がどこに向かって成長していくのかを示す羅針盤です。冒頭で企業理念を語ることで、学生に「なぜ私たちはこの仕事をするのか」を伝えて共感してもらいましょう。

①写真を配置

［ストック画像］から好きな写真（作例は「未来」で検索）を選び、ドラッグとトリミングで大きさを「高さ19.05cm×幅33.9cm」に調整して、スライド全面に配置します 図8 。

図8 写真を全面に配置

②マスクを配置

［挿入］タブ→［図］→［図形］から長方形を選び、［図形の書式設定］で色をホワイト（#FFFFFF）で塗り、透明度「20%」に設定します（線なし）。できたら、大きさを「高さ19.05cm×幅33.9cm」に調整して、写真にかぶせるように前面に配置します 図9 。

図9 透明度「20%」の長方形を写真に重ねる

③あしらいを配置

平行四辺形のあしらいを作成してグリーン（#8BB3A3）で塗り、透明度「60％」に設定します（線なし）。できたら、大きさを「高さ6.3cm×5.8cm」に設定して、スライドの左側にバランスよく配置します。同様に半透明のブラウン（#C5B292）で「高さ2.7cm×幅2.5cm」の平行四辺形を作り、グリーンの平行四辺形の右下に配置します 図10。

次に、文字を入れて色をダークグレー（#0D0D0D）に設定し、バランスよく文字とあしらい線を配置します。タイトル文字は右揃え、コンテンツの文字は左揃えにしています 図11。

図10 平行四辺形をあしらう

図11 文字を入れる

「会社概要」のスライド

ここからが、新卒採用のプレゼンスライドのボディパートです。ボディパートの最初となる会社概要のスライドで、社名・代表名・所在地・資本金などの定量的な基本情報を伝えることで、会社に対する信用度を高めます。

①写真を配置

［ストック画像］から任意の写真（作例では「建築」で検索）を選びます。ドラッグとトリミングで大きさを「高さ8cm×幅15.4cm」に調整し、スライドの右上に配置します。

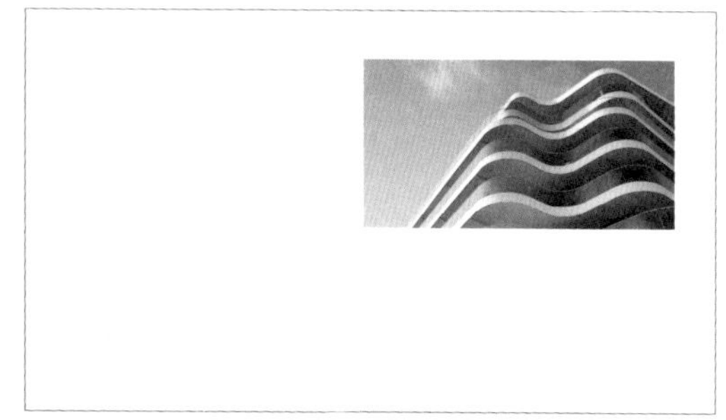

図12 写真を右上に配置

②図形を挿入

［挿入］タブ→［図］→［図形］で二等辺三角形を選び、大きさを「高さ8cm×幅2.9cm」に設定します。三角形の頂点にある黄色のハンドル（黄色い丸）を右端までドラッグして直角三角形を作ったら、図形の上にある丸い矢印のハンドルをドラッグして180度回転します 図13 。

さらに、三角形を透明度「40%」のブラウン（#C5B292）で塗り（線なし）、スライド左上の角に配置します 図14 。

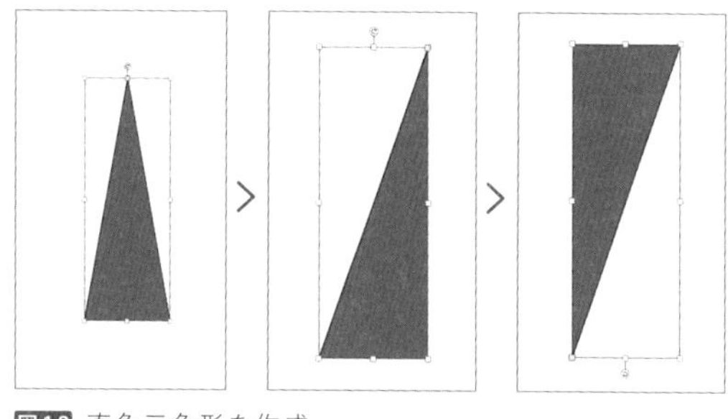

図13 直角三角形を作成

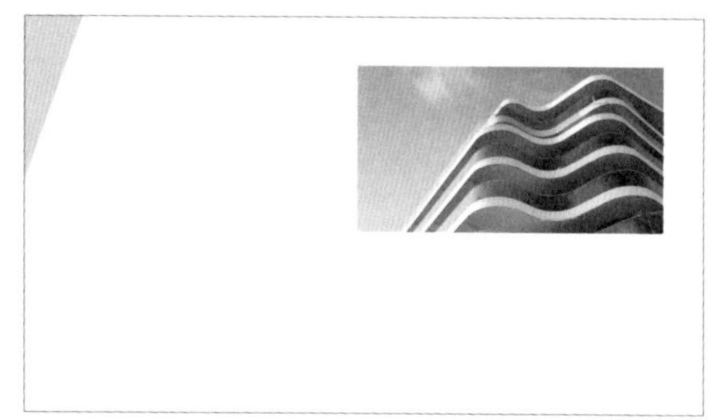

図14 左上の角に直角三角形を回転して配置

③あしらいと文字を配置

「企業理念」のスライドの手順③(→P.158)と同じようにして、グリーン(#8BB3A3)、モカ(#867C72)、ブラウン(#C5B292)で平行四辺形のあしらいを作成し、スライドの左側に配置します。

次に、ダークグレー(#0D0D0D)で、バランスよく文字とあしらい線を配置します。コンテンツの文字はテキストボックスを2つに分けて、きれいに左揃えしましょう 図15 。

図15 あしらいを追加して文字を入れる

「事業内容」のスライド

事業の詳細について説明するスライドです。各部門でどんな業務を行っているかを、写真と文字で具体的に説明することで、聴き手である学生が会社業務について詳細なイメージを抱くことができます。

①あしらいを配置

「企業理念」のスライドの手順③(→P.158)と同じようにして、グリーン(#8BB3A3)、モカ(#867C72)、ベージュ(#CDCAB4)で平行四辺形のあしらいを作成して、スライドの周りに配置します 図16 。

図16 平行四辺形をあしらう

②写真を配置

［ストック画像］から任意の写真（作例は「レストラン」（左）、「労働者」（中・右）で検索）を選びます。ドラッグとトリミングで大きさを「高さ6.67cm×幅10cm」に調整します 図17 。

Shift キーを押しながら写真をクリックし、すべて選択して［図形の形式］→［配置］から「上下中央揃え」「左右に整列」をクリックし、等間隔に配置します 図18 。3枚の写真を選択した状態のまま、最後に Ctrl ＋ G キーでグループ化したら、「左右中央揃え」でスライドの真ん中に配置します。

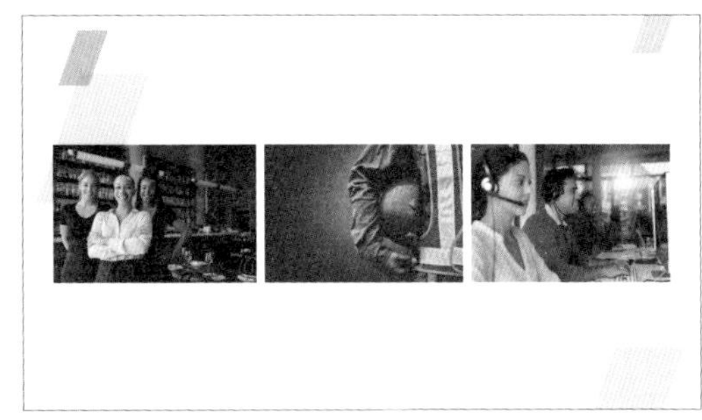

図17 写真を配置

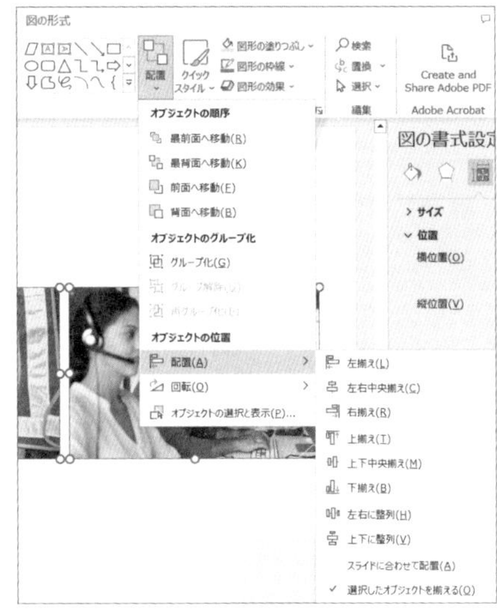

図18 写真を選択して配置を整える

③文字を配置

タイトル文字を入力して、色をダークグレー（#0D0D0D）にし、スライド上部の真ん中に配置します。その下にタイトル文字と同じ色で「太さ2pt、長さ1.86cm」の線を引きます。できたら、写真の下にコンテンツ文字を配置します 図19 。

図19 文字を入れる

「募集職種」のスライド

このスライドでは、各職種でどのような業務を行い、何を目指すのか、あえて文字情報だけで説明しています。これは、学生に就職後の自身の姿について自由なイメージを膨らませてもらう効果が狙ったものです。

①楕円形と三角形を配置

［挿入］タブ→［図］→［図形］から楕円を選び、色をモカ（#867C72）で塗ります（線なし）。できたら、大きさを「高さ9.6cm×幅9.6cm」に調整して、スライドの左右に配置します。

「会社概要」のスライドの手順②（→P.159）と同じ方法で、スライドの左上にグリーン（#8BB3A3）の三角形を配置し、透明度「40%」に設定します 図20。

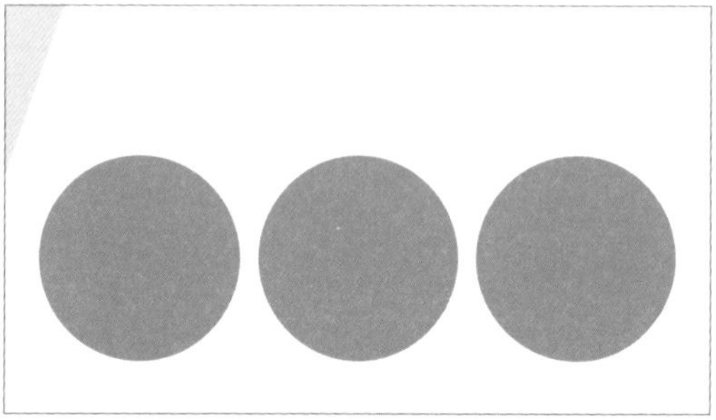

図20 楕円形と三角形のあしらいを作成

②平行四辺形をあしらう

ブラウン（#C5B292）、ベージュ（#CDCAB4）で平行四辺形のあしらいを作成し、バランスよく配置します 図21。作り方は「自己紹介」のスライドの手順⑤を参照してください。（→P.156）

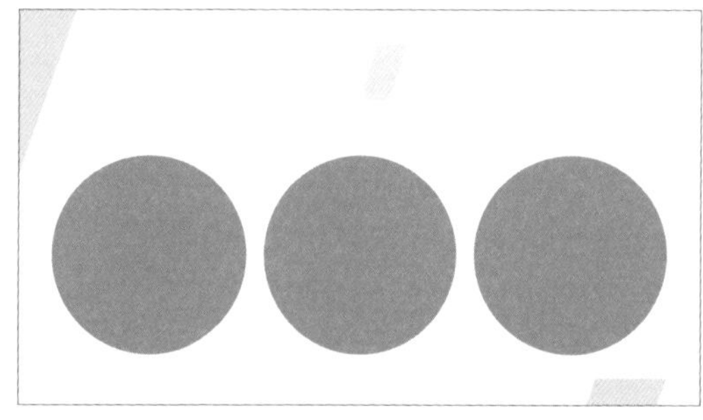

図21 平行四辺形を配置

③アイコンを挿入

アイコンを使用するには、[挿入]タブ→[画像]→[ストック画像]を開き、[アイコン]を選択します 図22。検索欄にイメージするアイコンのキーワードを入力して探します。作例では「歯車」(左)、「ノート」(中・右)で検索しました。適したアイコンが見つかったら、クリックしてチェックマークを入れ、右下の[挿入]ボタンを押せば、スライドにアイコンが挿入されます 図23。

さらに、スライド上でアイコンを選択し、[書式設定グラフィック] 図24 でホワイトに塗ったら、Shift キーを押しながらドラッグして、アイコンの大きさを調整します。

④文字を配置

最後にタイトル文字を入力し、色をダークグレー(#0D0D0D)にして、スライド上部の真ん中に配置します。あしらい線を配置します。できたら、アイコンの下に、ホワイト(#FFFFFF)でコンテンツの文字を配置します 図25。

図22 [ストック画像]から[アイコン]を選択

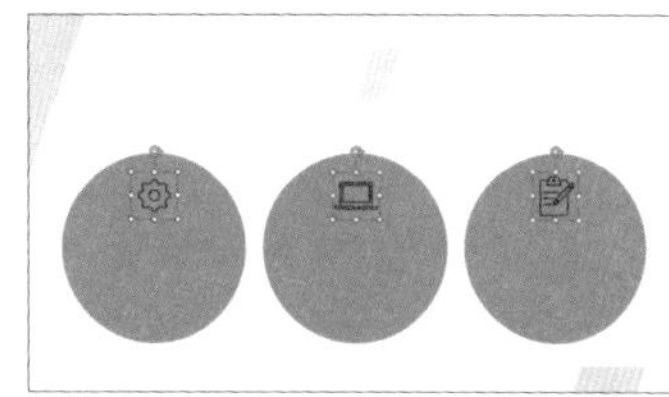

図23 スライドにアイコンが挿入された

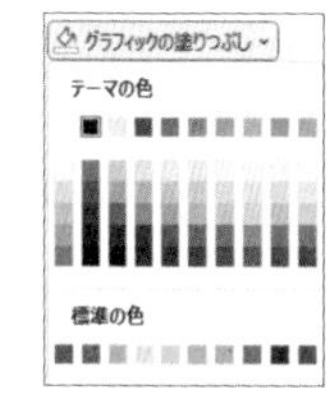

図24 アイコンの色を白に変更

図25 文字とあしらいの線を配置

「選考フロー」のスライド

企業が採用活動を開始してから、内定者が決定するまでの流れを示します。採用フローを提示することで、学生側も選考の流れを把握でき、応募に向けて具体的なアクションを起こしやすくなります。

①楕円を挿入

［挿入］タブ→［図］→［図形］から楕円を選びます。色を、それぞれベージュ（#CDCAB4）、ブラウン（#C5B292）、モカ（#867C72）、グリーン（#8BB3A3）で塗ります（線なし）。できたら、大きさを「高さ3cm×幅3cm」の正円にして、スライドに配置します（作例では6つ配置）図26。少しランダムに配置することで、軽快な雰囲気になります。

正円から上下交互に伸びるようにベージュ（#CDCAB4）で幅「1.5pt」の線を引き、［図形の書式設定］で、「点線（角）」に設定します。できたら、上に伸びた線を「上揃え」、下に伸びた線を「下揃え」に配置します 図27。配置を揃える方法は、「事業内容」のスライドの手順②（→P.161）を参照してください。

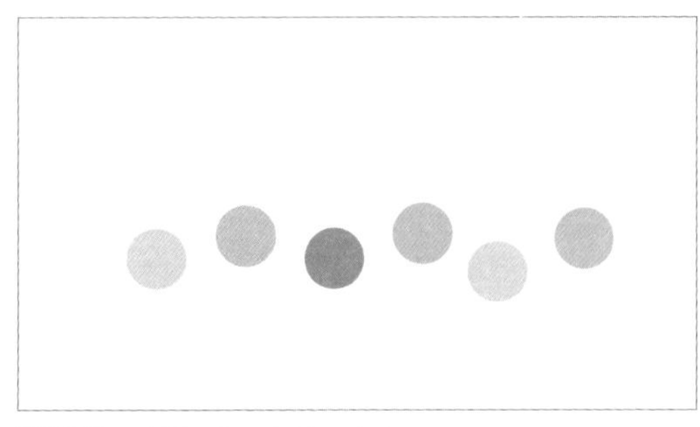

図26 楕円を挿入して正円にする

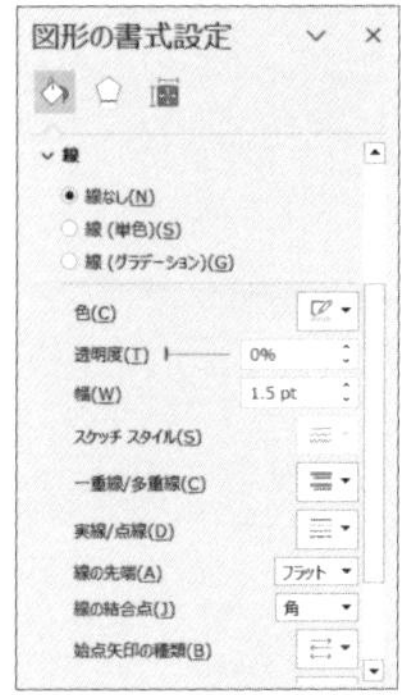

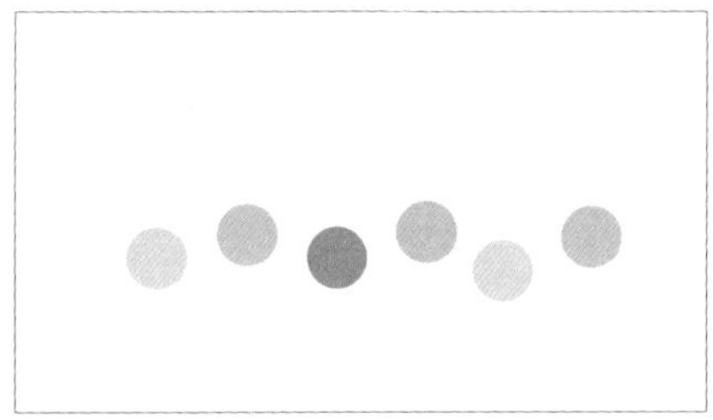

図27 上下交互に点線を配置

②あしらいを配置しよう

グリーン（#8BB3A3）で平行四辺形のあしらいを作成し、左上に配置します 図28。方法は「自己紹介」のスライドの手順⑤（→P.156）を参照してください。

図28 平行四辺形をあしらう

③アイコンを配置

「募集職種」のスライドの手順③（→P.163）の方法で、任意のアイコンを挿入します（作例ではすべて「ビジネス」で検索）。アイコンを Shift キーを押しながらドラッグして大きさを調整します。できたら、手順①で作成した正円の上にバランスよく配置しましょう 図29。

図29 アイコンを挿入

④文字を配置しよう

ダークグレー（#0D0D0D）で、左揃えにバランスよくタイトル文字を配置します。左上に配置したタイトルの下には、同じ色で「太さ2pt、長さ1.86cm」の線を引きます。できたら、手順①で作成した点線の横にコンテンツ文字を配置します 図30。

図30 線や文字情報を配置する

まとめ

このように社外向けのプレゼンスライドも、AIを利用することで、これまでより簡単に作ることが可能です。AIを利用して、スライドの初期構成やレイアウトの設計にかかる時間を短縮すれば、**その時間をよりクリエイティブなタスク**（例えばデザインコンセプトのイメージを膨らませたり、ストーリーを深めたりすること）に使って、スライドの全体的な完成度を上げることができます。ぜひ、AIでプレゼンの制作プロセスを効率化して、素敵なスライドを完成させてください！

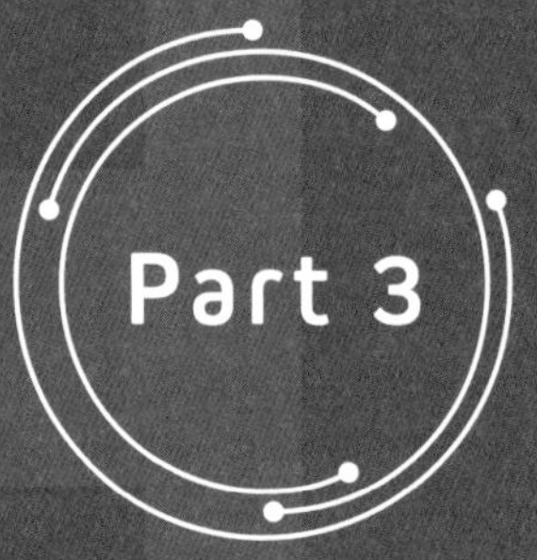

私たちはどこを目指すべきか

Chapter 5

AIとヒトの未来はどうなるか

ここまで、ヒトとAIが役割分担してプレゼンを作成する過程を見てきました。
最後の章では、ヒトとAIが互いの得意・不得意な部分を補い合いながら、
“協働”で豊かな未来を築くための具体策を考えてみました。

01 「ヒトとAIの協働」が進む

AIの導入による労働市場への影響が懸念されています。ここでは、AIがヒトの雇用を奪うのかというテーマを、筆者なりに考えてみました。

AIがヒトの仕事が補完する

これまで見てきたように、GPTの登場で急激にAIが身近になり、私たちの仕事環境も大きく変わりつつあります。これからのヒトとAIの未来を具体的に予測するのは困難といわれますが、大きな方向性として、AIの進化がさらに加速し、経済や雇用に影響を与えることは避けられないでしょう。

AIの進化によりヒトの仕事が補完され、新しい共存の形を生むことが予想されています。これを「**ヒトとAIの協働**」と呼びます。これにより医療、法律、金融、教育、メディアなどの専門分野の他、製造、営業、顧客サービスなど、データ分析に関わる様々な職種において「ヒトとAIの協働」が進んでいくでしょう。

AIが急速に進化したことにより、ヒトの雇用、特にホワイトカラーの仕事が奪われるのではないかという声が多くありますが、一方で、AIの活用によって新たな職業が生まれる可能性もあり、専門家の間でも意見が分かれるところです。

ブルーカラーの仕事はAIに奪われづらい

ここまで何度か述べたように、AIの苦手分野は「創造」「共感」「体験」であり、ブルーカラーの仕事においては身体的な「体験」が必要になるので、影響を受けづらいといわれます。一方、ホワイトカラーの仕事において**「創造」と「共感」を必要としない部分はAIの影響を受ける可能性が高い**といえます。

ブルーカラーの職業は、身体的な作業や、環境の微妙な変化を読み取る能力を必要とすることが多く、これらは現在のAI技術ではまだ十分に対応できていません。例えば、建設現場の作業員や配管工、電気工などの職業は、特定の環境条件下で特殊なスキルを発揮することが求められます。これらの仕事は、一見単純に思えるかもしれませんが、微妙な手つき、視覚情報の解釈、それに瞬時の意思決定が必要となることが多く、これらは現在のAIやロボット技術ではまだ達成が難しい分野といわれています。

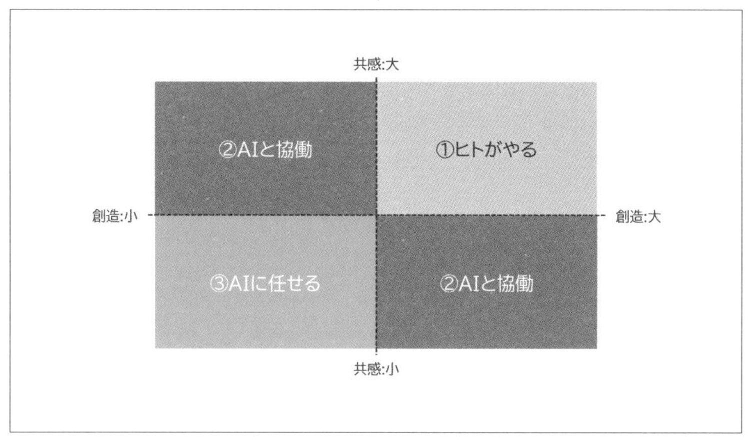

図1 AIで変わるホワイトカラーの仕事
カイフー・リー（李開復）チェン・チウファン（陳楸帆）著、中原尚哉 訳『AI 2041 人工知能が変える20年後の未来』（文藝春秋/2022年）をもとに筆者が作成

しかし、AIやロボット技術は進化を続けており、例えば自動運転車の開発などを見ると、身体的な作業や複雑な環境下での判断もAIが行えるようになる可能性が示唆されています。そして、自動化やロボット化が進む一方で、**これらの技術を管理・運用するためのスキル**が求められるようになります。つまり、AIと人間が共存・協働する環境が進展していく中で、新たなスキルや能力が必要となり、教育や訓練もその方向に進化していくことが予想されます。

ホワイトカラーの仕事はAIでこう変わる

現在のAI技術は、主にデータ処理やパターン認識（画像認識、自然言語処理、予測モデリングなど）が必要な特定のタスクにおいて驚異的な効率と精度を発揮します。このような領域では、AIは従来、人間が行っていた作業を自動化し、効率化することが可能です。そのため、これらの技能を主に使用するホワイトカラーの職業（データ分析、顧客サービス、一部のマーケティング職など）は、AIによる自動化の影響を受けやすいといえます。

先述のように、ホワイトカラーの仕事においては、特に「創造」と「共感」が重要になります。AIで変わるホワイトカラーの仕事を「創造」と「共感」タスクの有無によって4分類する（右半分が創造的タスク、上半分が共感的タスク）と、**図1** のマトリクスのようになります。マトリクスの4分類は次のような仕事に大別されます。

①ヒトがやる仕事

例えば経営者のように、ビジョンをもとに戦略を立て、会社の従業員や投資家の協力を得ながら会社のかじ取りをするような、**「創造」と「共感」のどちらも必要な仕事はAIに任せることは難しい**といえます。

②AIと協働する仕事

科学者や芸術家のように「創造」は必要だが「共感」は不要な仕事は、**ヒトの創造性をAIツールで補って、より質の高い仕事ができる**ようになるでしょう。

また、教師のように「共感」は必要だが、独創的で奇抜な発想などを求められる場面の少ない仕事であれば、採点のような単純作業をAIツールで補うことで、ヒトの共感力を活かした指導に集中できるようになるかもしれません。

③AIに任せる仕事

電話による販売業や、保険の損害査定人のような「創造」と「共感」が不要なうえ、AIで自動化することでヒトよりもレベルの高い仕事ができるような仕事は、AIに取って代わられることが予測されます。

これからは、自分の仕事がAIによりどのような影響を受けるかを予測して、対策を考えておく必要が出てくるでしょう。

AIの時代のビジネスを成功に導くために必要な能力

AI時代にヒトが磨いていくべき能力を、ハーマンモデルの4つの思考スタイルと、「トリプルシンキング」と呼ばれる思考法から考えてみます。

自身の思考のクセを考える

私たちの仕事や生活に、AIが浸透してくることが避けられないならば、「**ヒトとAIが協働**」**するより良い形**を探るべきと、筆者は考えます。互いの得意分野を生かすために、ヒトの強みとAIの強みとなる思考がどのようなものか把握し、**ヒトは自身の思考のクセを踏まえて対策**を考える必要があります。

自身の思考のクセを知るには、ハーマンモデルの4つの思考スタイルの分類が一助となるでしょう。

ハーマンモデルにおける4つの思考スタイル

Chapter2-10（→P.080）でも紹介したハーマンモデルによれば、人間の脳は4つの異なるタイプに分けられ、人によって利き脳が異なります 図1 。実際には利き脳は1つではなく、2~3つの利き脳が組み合わさっている場合が最も多く、4つすべてを利き脳とする人もいます。

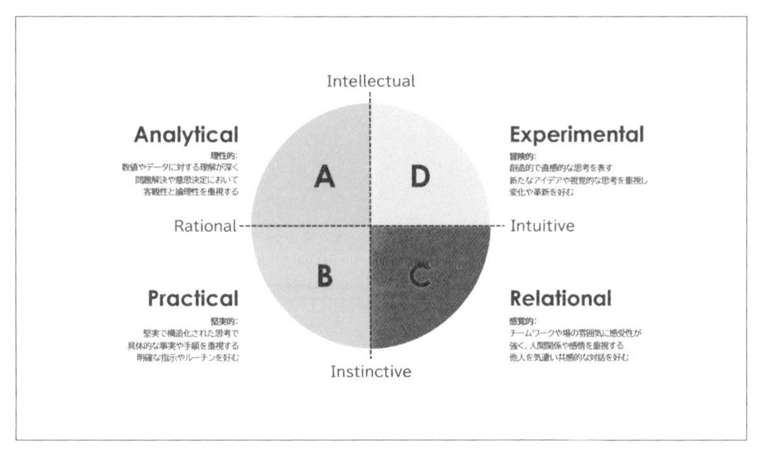

図1 ハーマンモデルの4つの思考スタイル

・Type A（青脳）：
データや事実に基づき問題解決する理性的な思考（左脳の大脳新皮質側）。
・Type B（緑脳）：
実際的で、具体的な事項に基づいた堅実的な思考（左脳の辺縁系側）。
・Type C（赤脳）：
人間関係や感情に関連する事項に対する感覚的な思考（右脳の辺縁系側）。
・Type D（黄脳）：
全体的なビジョンや、未来を見据えた冒険的な思考（右脳の大脳新皮質側）。

この4つのうち、自身の利き脳がどれに近いかは、どのようなプレゼンを心地よいと感じるかによって、ある程度推測できます。

・Type A（青脳）：
数字やデータ、事実に基づいたプレゼンを好む人は、理性的な思考が強い可能性がある。
・Type B（緑脳）：
具体的なアクションプランや手順に重きを置くプレゼンを好む人は、堅実的な思考が強い可能性がある。
・Type C（赤脳）：
人間関係や感情に触れるプレゼンを好む人は、感覚的な思考が強い可能性がある。
・Type D（黄脳）：
大きなビジョンや全体的な戦略に基づいたプレゼンを好む人は、冒険的な思考が強い可能性がある。

自身の思考スタイルを正確に理解するには、専門的な診断テストなどを受ける必要があります。心地よいプレゼンスタイルからハーマンモデルにおける利き脳を推測するのは、あくまで筆者の経験則からくる大まかな傾向にすぎませんが、自身の思考スタイルを知る一助にしてみてください。

トリプルシンキングとEQ

次に、AI時代にヒトがどのような能力を磨いていくべきか、実際にビジネスパーソンが仕事の中で要求される能力に紐付けて考えてみます。

日々の業務で起こる問題解決や企画立案などには「トリプルシンキング」と呼ばれる思考法が効果的です。トリプルシンキングはその名の通り3つの思考法「クリティカルシンキング」、「ロジカルシンキング」、「ラテラルシンキング」の総称です。

また、ビジネスを成功に導くためには「こころの知能指数」といわれる「EQ（エモーショナル・インテリジェンス）」の能力が役立つはずです 図2。

トリプルシンキングにEQを加えた、4つの能力をさらに具体的に定義して、ハーマンモデルの4つの思考スタイルと対応させてみます。

・クリティカルシンキング

情報を客観的に分析し、明確な判断を下す能力であり、情報の信憑性や妥当性を評価するスキル、問題解決のための論理的思考、偏見やバイアスを認識・排除するスキルが含まれ

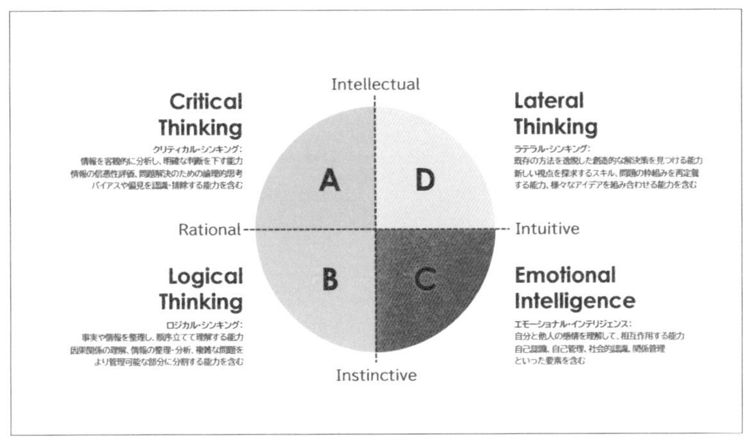

図2 トリプルシンキングとEQ

ます。この思考法はハーマンモデルにおけるType A（青脳）と対応しています。

・ロジカルシンキング

事実や情報を整理し、それらを順序立てて理解する能力であり、因果関係の理解、情報を整理・分析するスキル、複雑な問題をより管理可能な部分に分割するスキルが含まれます。この思考法はハーマンモデルにおけるType B（緑脳）と対応しています。

・ラテラルシンキング

従来の思考パターンや既存のフレームワークから逸脱して、新しい視点や創造的な解決策を見つける能力であり、新しい視点を探求するスキル、問題の枠組み自体を再定義するスキル、様々なアイデアや視点を組み合わせるスキルが含まれます。この思考法はハーマンモデルにおけるType D（黄脳）と対応しています

・EQ

自分自身と他人の感情を理解し、それを適切に管理し、相互作用する能力であり、「自己認識、自己管理、社会的認識、関係管理」の4つの主要な要素が含まれます。この思考法はハーマンモデルにおけるType C（赤脳）と対応しています。

これらの思考スキルをバランスよく活用することで、問題解決、意思決定、コミュニケーション、リーダーシップなど、ビジネスの各領域で役立てることができます。ハーマンモデルにおける自分の利き脳がわかっていれば、自分の強みとなる思考を伸ばし、弱みとなる思考を補いやすくなります。

ヒトの強みとAIの強み

ヒトとAIが協働するためには、ヒトの強みとAIの強みとなる思考がどのようなものか把握し、自分自身の思考のクセを踏まえて、磨くべき能力を考えてみるといいでしょう。ヒトやAIの強みとなる思考についてトリプルシンキングとEQをベースに考えると、次のようになります。

・ヒトの強みとなる思考

AIに比べてヒトの強みとなるのは、一般的に「**クリティカルシンキング（批判）**」・「**ラテラルシンキング（創造）**」・「**EQ（共感）**」の能力であるといわれます 図3 。このようなヒトの強みとなる思考を自分の利き脳としている場合、その能力を磨くことでビジネスにおける成果を出すことができます。

・AIの強みとなる思考

AIの強みとして「**ロジカルシンキング**」に**関連する、データ処理やパターン認識に関する能力**が顕著であるといわれています。AIの強みとなる思考を自分の利き脳としている場合、ヒトとAIの得意な領域の違いを理解しながら、AIをうまく活用して協働することで、ビジネスにおける成果を出すことができます。

あなた自身の思考のクセはどちらのタイプに近いでしょうか？ それによってAIとの協働の仕方が変わってくるはずです。

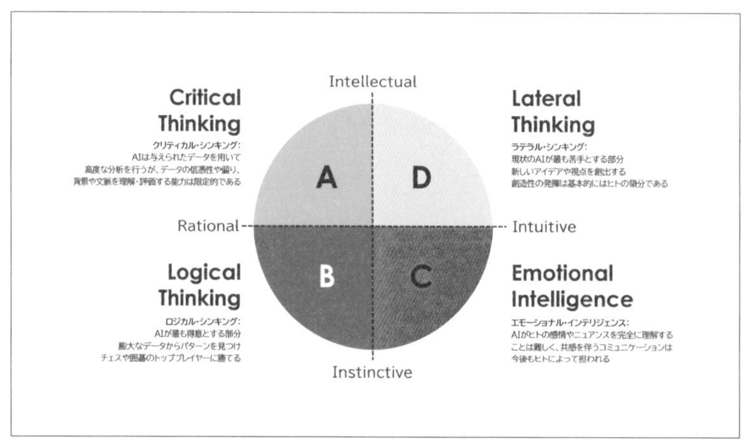

図3 ヒトの強みとなる思考

AIの能力を引き出すためのスキルを磨く

AIの能力をうまく引き出し活用するためには、ヒトの側にもスキルが必要になります。具体的に求められるスキルとその磨き方を考えてみます。

ヒトにあってAIにない能力

前節までの内容を踏まえると、これからのAI時代において、人間が磨いていくべきスキルは次の2つです。

> ①ヒトの強みとなるスキルを磨き上げる
> ②AIと協働するための新たなスキルを身につける

前節で紹介したように、AIに比べてヒトの強みとなる思考は「**クリティカルシンキング(批判)**」「**ラテラルシンキング(創造)**」・「**EQ(共感)**」の能力です。AIのいわば「弱み」といえるこれらの能力を磨いていく方法を考えてみます。

クリティカルシンキング(批判)

AIは与えられたデータを用いて高度な分析を行うことができますが、データの信憑性や偏り、**分析結果が意味する背景について評価する能力**は人間に及びません。

この能力を鍛えるには、情報を問い続け、複数の視点から分析する習慣を身につけることが重要です。情報を収集して信憑性を評価し、結論を導き出すために、問題解決や意思決定を繰り返し行います。また、異なる視点や意見に触れることで、多角的な視点を持つことも大切です。

ラテラルシンキング(創造)

生成AIなどは、創造的な出力を生成するように見えることもありますが、その**本質は大量のデータから学習したパターン**をもとにしたもので、人間のような本質的な創造性には及びません。このため、**新しいアイデアや視点を創出する**ラテラルシンキングは、人間が行う必要があります。

この能力を鍛えるには、新たな視点やアイデアを引き出すブレインストーミングや、異なる分野の知識を学ぶことが重要です。また、壁打ちを行って自問自答を繰り返すことで、新たな解決策を見つけることができます。

EQ（共感）

AIはそれ自身が感情を持つわけではないため、**人間の感情やニュアンスを完全に理解することは難しい**といえます。このため、感情の認識と理解や、それに基づく適切なコミュニケーションは人間が担う必要があります。

EQを高めるためには、まず内省や瞑想により自分自身の感情を理解（自己認識）し、コントロール（自己管理）する必要があります。さらに、傾聴や共感により他人を理解（社会認識）すること、組織・集団を正しい方向へ導く（人間関係の管理）ことで、共感の力を活かして社会で影響力を発揮することができます。

ヒトがAIと協働するための3つのスキル

AIの強みとなる思考は「ロジカルシンキング」のうち、データ処理やパターン認識に関する部分です。つまりAIは明確な規則と膨大なデータが与えられた状況で、論理的な推論を行うことが得意です。

そして、大量のデータからパターンを見つけ出し、それらに基づいて予測を行うことができます。これが、チェスや囲碁などのゲームでAIが人間のトッププレイヤーに勝利することができる理由の一つです。

ヒトとAIがお互いの得意分野を活かして協働し、高い成果を出すためには、ヒトが「**AIリテラシー**」「**プロンプトエンジニアリングスキル**」「**データ解析スキル**」の3つのスキルを備える必要があります。

①AIリテラシー

AIリテラシーとは、人工知能（AI）に関する理解をいいます。AIの能力と限界を理解し、それを効果的に活用しましょう。

AIは大量のデータを処理し、パターンを見つける能力に優れています。また、**反復的なタスクやルールに基づくタスクを自動化する**ことに長けています。これにより、AIは人間が行う仕事の一部を代替したり、新たな洞察を提供したりします。一方で、AIは人間のような直感や感情、創造性を持ち合わせていません。**複雑な判断を必要とするタスクや創造的な作業**は、現在のAIの能力を超えているといえます。

また、情報セキュリティについても人間の判断が不可欠です。AIは個人情報や機密情報を大量に扱う可能性があり、それが適切に保護されていることを人間が確認しなければなりません。また、AIの学習データはその出力結果に大きな影響を与えるため、データの取り扱いやバイアスの問題にも、人間が注意を払うべきでしょう。

さらに、AIの利用はプライバシーや公正さ、バイアスといった倫理的な問題を引き起こす可能性があります。これらの問題に対処するためには、AIの利用に関する明確なガイドラインと規制が必要です。

②プロンプトエンジニアリングスキル

AIは適切に設計され、管理されることで性能を発揮するため、その能力を引き出すためには、適切な知識が求められます。また、「Garbage in, garbage out（ゴミを入力するとゴミが出力される）」といわれるように、AIの出力結果は、入力内容から大きく影響を受けます。もし出力結果がおかしいと思ったら、**入力したデータや条件に問題がないか再確認し、入力を調整する能力**も求められます。

③データ解析スキル

AIは大量のデータを解析し、パターンを見つけるのが得意ですが、**その結果をどのように利用するか**は人間が決めます。このため、人間がAIの出力結果の妥当性を判断するだけでなく、統計学の基本的な知識やデータビジュアライゼーションについて学び、**出力結果を意味のある洞察に変える、データ解析のスキルを高めること**が重要です。

ヒトとAIの協働がうまくいくためには、AIの能力を高めるだけでなく、**ヒトのAIに対する理解と新しい環境に適応したスキルアップ**が重要になります。それぞれが得意とする領域を理解して役割分担し、ビジネスで高い成果を上げていきましょう。

AIを活かして豊かな未来を築く

私たちが直面する未来は予測不可能ですが、AIの進歩をチャンスととらえ、身近なところからAIをうまく活用していきましょう。

AIの進化でVUCAの状況が進む

AIの進歩は止まらず、我々の生活のあらゆる面に浸透しています。AIの未来については、多くのシナリオが考えられますが、最も現実的なのは、**ヒトとAIが共存し、互いの能力を補完**しながら、より効率的で創造的な社会を築いていくというものです。

本書でも何度も述べてきたように、AIは、ルーチンタスクの自動化、大量のデータ分析、高度な予測モデリングなどを可能にし、ヒトは、創造性、感情理解、対人関係スキルなどの分野で優れた能力を発揮します。

AI（人工知能）と人間の未来については、多くの専門家が様々な観点から考察しています。AIが人間の社会、経済、生活、そして教育に大きな影響を及ぼすことは確かです。しかし、その未来が具体的にどのような形をとるかは、現段階では完全には予測できません。

「VUCA」とはVolatility（変動性）・Uncertainty（不確実性）・Complexity（複雑性）・Ambiguity（曖昧性）の頭文字を取って作られた造語です。もともとは冷戦後の未来予測が難しい状況を意味する軍事用語でしたが、現在では「社会やビジネスにおいて未来の予測が難しい状況」を表す言葉として、一般的に使われています。AIの進化は、これらのVUCAの状況をさらに強化する可能性があります。

大学受験で学ぶ知識だけでは不十分な時代

VUCAの時代にあって、教育の役割について考えると、大学受験で学んできた知識だけでなく、新しいスキルと能力が求められるでしょう。総務省の報告によればAI時代に必要とされるスキルは「情報収集能力や課題解決能力、論理的思考などの業務遂行能力」、「企画発想力や創造性」、「チャレンジ精神や主体性、行動力、洞察力などの人間的資質」などが含まれます※1。

※1：総務省「令和3年版情報通信白書」第1部 特集-第5節-（1）-ア-図表4-5-3-1 より
https://www.soumu.go.jp/johotsusintokei/whitepaper/ja/h30/html/nd145310.html

これらの**AIが苦手とする分野のスキルを磨く**ことは、VUCAの時代において重要な役割を果たすと考えられます。しかし、それだけでは不十分かもしれません。AIと共存する未来を生き抜くためには、AIの基本的な理解やその使用方法、さらにはAIの倫理的な問題についても理解することが重要になるでしょう。このような新しいスキルと知識を育成するためには、学び方、教え方、評価方法など、教育システム全体を再構築していく必要があります。

1989年と2023年の世界時価総額※2ランキングを比較した資料※3を見ると、日本の「失われた30年」の間に、世界経済における日本企業の存在感が変化したことがよくわかります。

日本でも、高度成長期からバブル期後半までは、先人が敷いてくれたレールの上を走っていれば成功することができました。しかし、これからのゲームチェンジの時代には、めまぐるしい環境変化の中で未来を自分たちで予測して、トライ&エラーを繰り返しながら正解の道を切り拓いていく必要があります。大学受験で学んだ知識がまったく役立たないとはいえませんが、それだけに頼るのではなく、上述の新しいスキルや知識を身につけることが、AIと共存する未来においてはより重要になるでしょう。

※2：上場企業の現在の株価に発行済みの株式数を掛けた金額で企業を評価する指標。

※3 参考：高橋史弥「2023年世界時価総額ランキング。世界経済における日本の存在感はどう変わった？」STARUP DB（2023年）
https://startup-db.com/magazine/category/research/marketcap-global-2023

これからの時代に必要といわれる4Cの教育

「4C」とは、批判的思考（Critical thinking）、コミュニケーション（Communication）、協働（Collaboration）、創造性（Creativity）の頭文字を取った教育理念で、21世紀の教育において重要とされるスキル群※4を指しています。

・批判的思考（Critical thinking）

問題解決や意思決定に必要な能力で、情報を論理的に分析し、主観や先入観に左右されずに判断できるスキルを指します。自身の思考を見つめ直し、それが客観的なものか、偏っていないかを考える力も含まれます。

・コミュニケーション（Communication）

効果的なコミュニケーションスキルは、意見を明確に伝え、他者の視点を理解し、相手との対話を通じて共通理解を深めることを可能にします。また、対話の中で意見を調整したり、相手の感情やニーズを認識したりする能力も含まれます。

・協働（Collaboration）

チームで働く能力、つまり他者と協力して目標を達成する能力を指します。他者の意見を尊重し、チーム内での役割を理解し、協力的な問題解決を行うスキルが求められます。

・創造性（Creativity）

新たなアイデアを生み出す能力や、既存の物事を新しい視点から見る能力を指します。創造性は、新しい解決策を見つけるための思考力や、新しい可能性を発見し、それを形にするための能力を含みます。

これらのスキルは専門的な技能とは異なり、あらゆる状況や分野で適用可能な汎用性のあるスキルです。特に、変化のスピードが加速する現代世界では、変化に対応し、新しいことを学び、未知の状況でも精神的安定を保つ能力が求められます。そしてそれらを達成するためには、自分自身を何度でも再構築し、常に学び続ける姿勢が不可欠となるのです。

※4 出典：ユヴァル・ノア・ハラリ、2021年『21 Lessons 21世紀の人類のための21の思考』、河出書房新社（河出文庫，Kindle版）、p.362-363
4Cの思考のスキル群については、上記の内容をもとに筆者が要約。

ヒトとAIが協力して豊かな未来を作ろう

もはやAIの進化によって、今までの常識や知識だけでは対応できない新しい時代を迎えていることはあきらかで、私たちが直面する未来は予測不可能です。しかし、このような時代には、ヒトとAIがそれぞれの得意分野を活かすことで、これまでよりも大きな成果を出していくことが可能になります。

これをチャンスととらえて身近なところからAIをうまく使いこなし、さらにはヒトにしかできない強みを磨くことで、新しい時代に対応して豊かな未来を築いていってほしいと思います。

企業プレゼンの10の場面で使えるビジネススライド

GPT-4に列挙してもらった「企業でビジネススライドを作る10の場面」(→P.091)で使えそうなスライドサンプルを、筆者が作ってみましたので、ぜひスライドづくりの参考にしてください。

1.新商品やサービスの提案会議

このプレゼンの目的は「聴衆に新製品やサービスを理解し、その価値を認識してもらう」ことです。製品の利点と市場の機会を強調するような、視覚的にわかりやすいグラフや図表を使用しましょう。

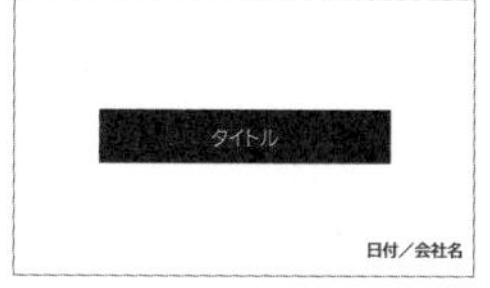

タイトル

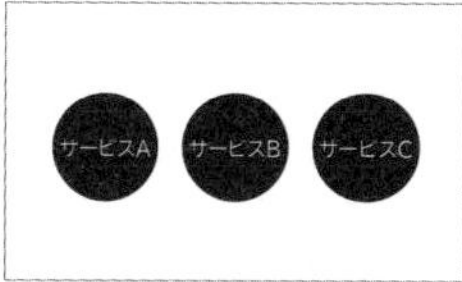

サービス概要

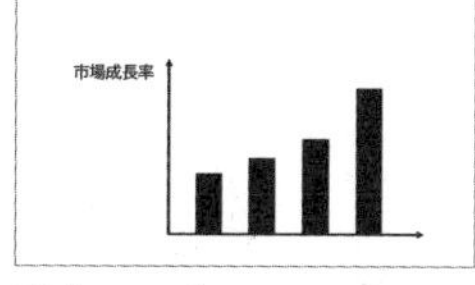

顧客ニーズ

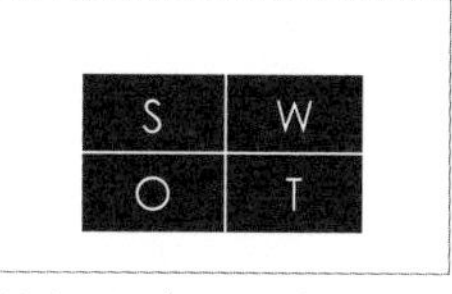

競合分析(SWOT)

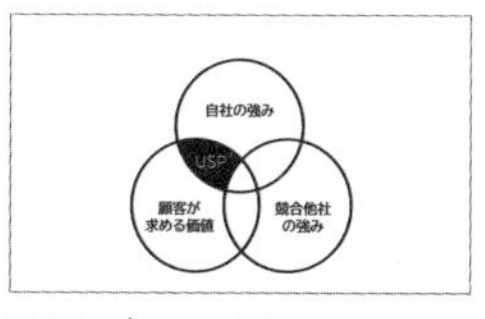

USP/コアバリュー

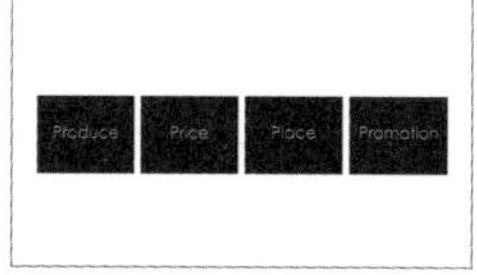

4P分析

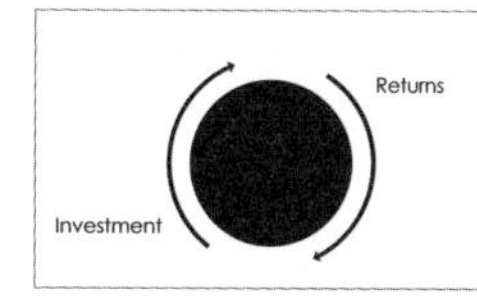

ROI

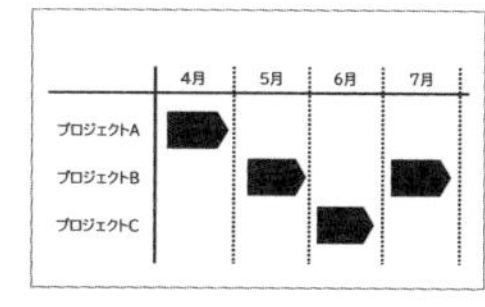

ガントチャート

2.事業戦略の発表や検討会

このプレゼンの目的は「会社の方向性を示し、戦略の実行に向けた理解と支持を得る」ことです。このため、戦略が現状の問題をどう解決するか、なぜそれが最善の選択肢なのかを明確にします。

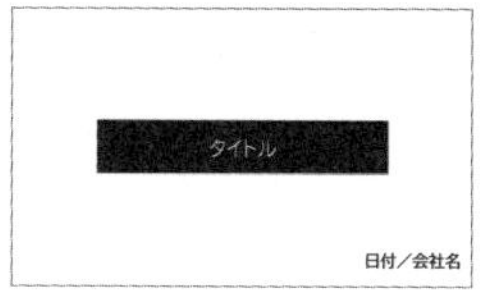

タイトル

会社概要

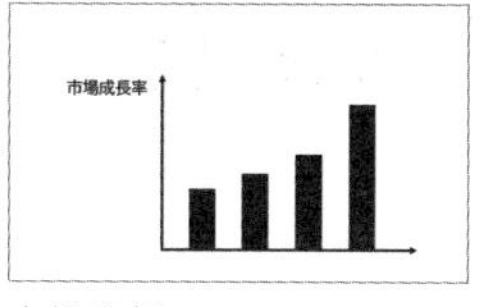

市場分析

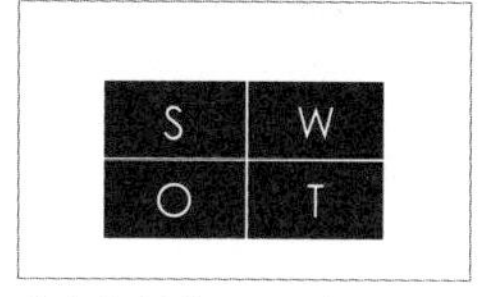

競合分析(SWOT)

事業戦略の概要

ロードマップ

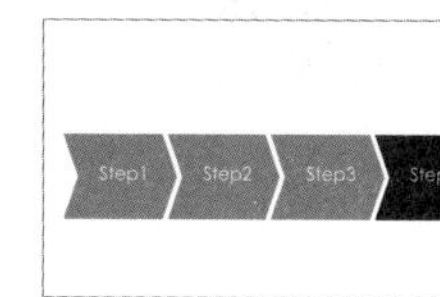

フローチャート

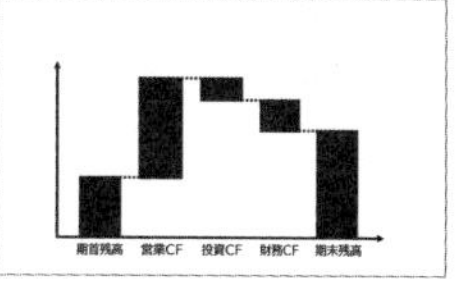

キャッシュフローグラフ

3.売上や業績の報告・分析会

このプレゼンの目的は「会社のパフォーマンスを理解し、改善のためのアクションを決定する」ことにあります。データをわかりやすいグラフや図で示し、分析結果を具体的な事例や数値で裏付けます。

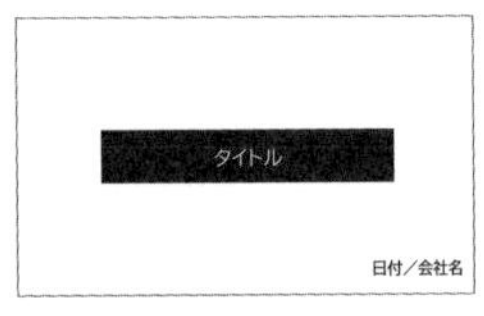

タイトル

売上概要

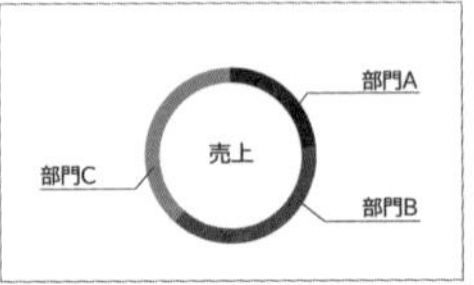

部門別売上分析

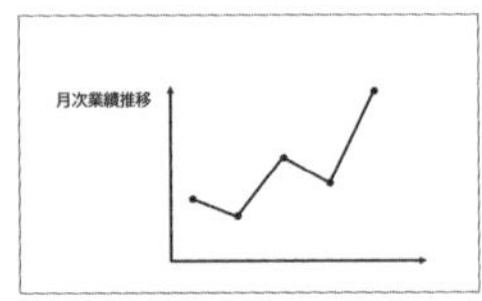

月次業績推移

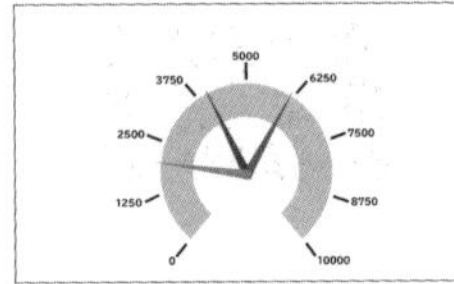

ゲージチャート

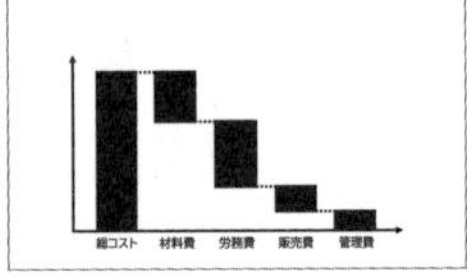

コスト構造分析

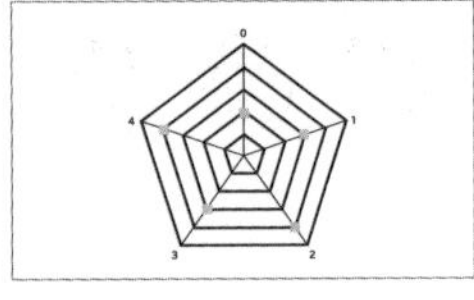

競合分析

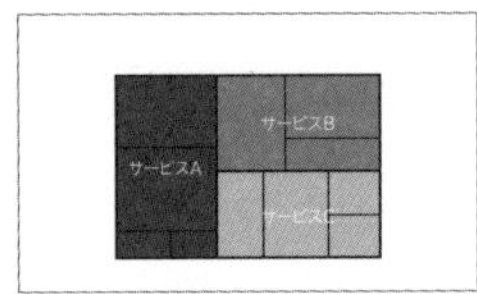

ツリーマップ

4.プロジェクト進捗報告会

このプレゼンの目的は「プロジェクトの現状を共有し、次のアクションを決定する」ことにあります。プロジェクトの状況を明確に把握できるように、具体的で簡潔な情報を提供しましょう。

タイトル

組織図

目標と進捗状況

タスク完了状況

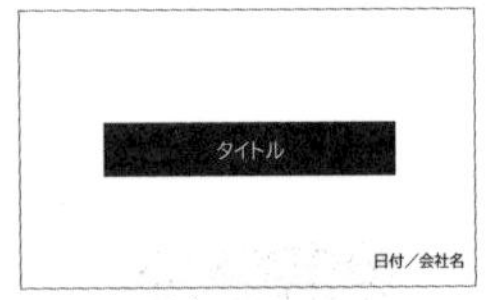

ツリーマップ

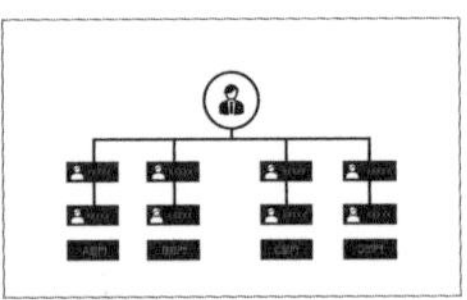

優先度マトリクス

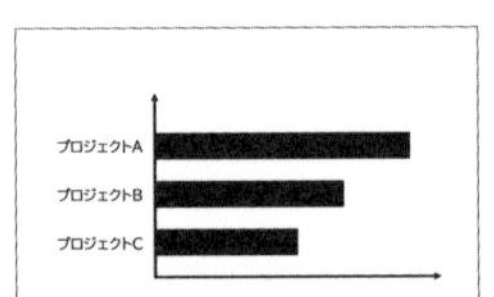

リスクマトリクス

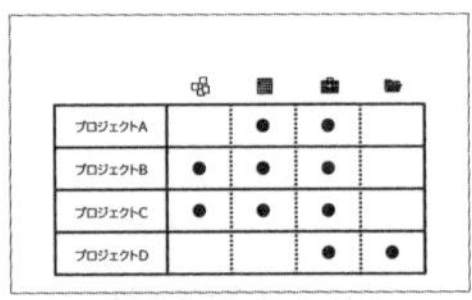

ガントチャート

5.社内研修や教育プログラム

このプレゼンの目的は「学ぶべき内容とその重要性を理解させ、研修への参加と活動を促す」ことです。参加者が自分自身の役割と目標を理解できるように、わかりやすく明快な資料を作成します。

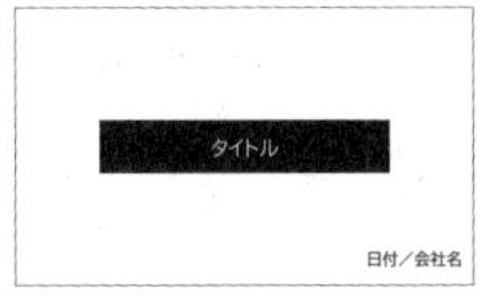

タイトル

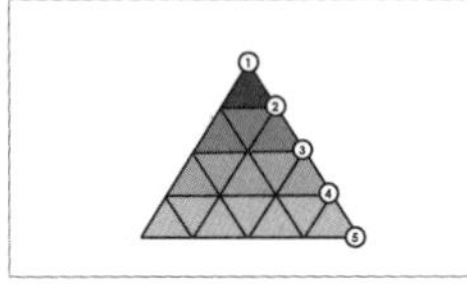

ゴールピラミッド

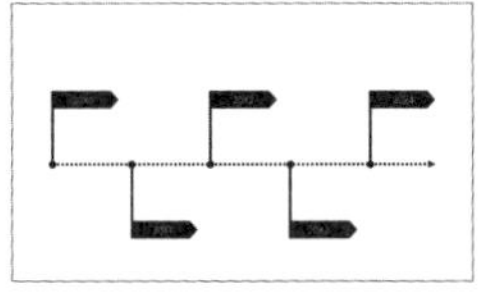
タイムライン

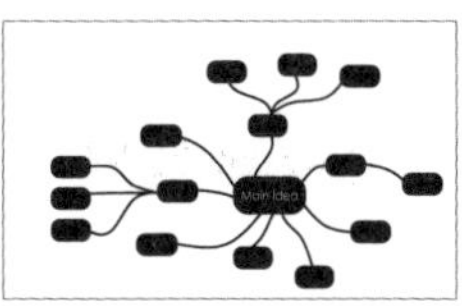
マインドマップ

ピクトグラム

スタッフ紹介

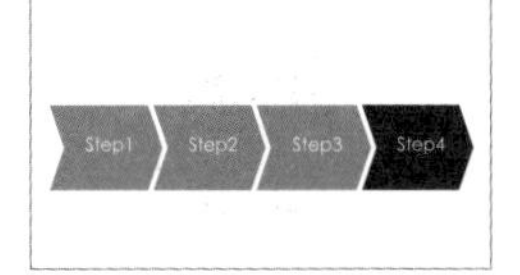

フローチャート

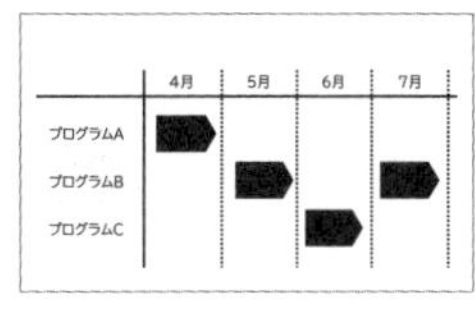

ガントチャート

6.人事評価や目標設定の会議

このプレゼンの目的は「個人のパフォーマンスを理解し、目標達成のための道筋を示す」ことです。公平性と透明性を備え、SMARTの原則に従って目標設定を作るとよいでしょう。

タイトル

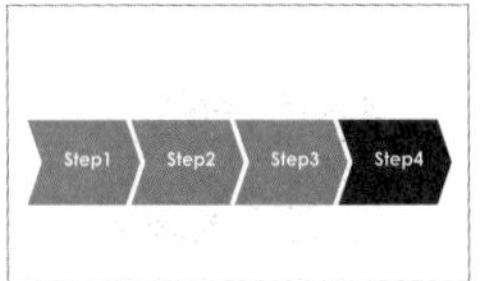

フローチャート

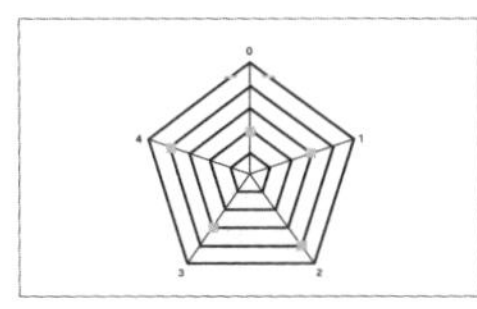

レーダーチャート

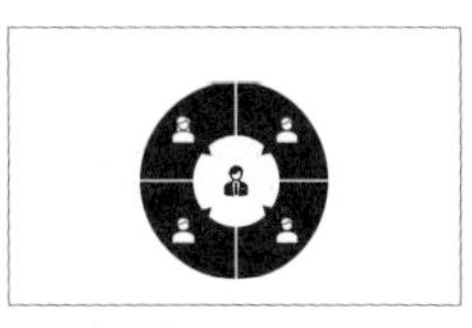
360度評価

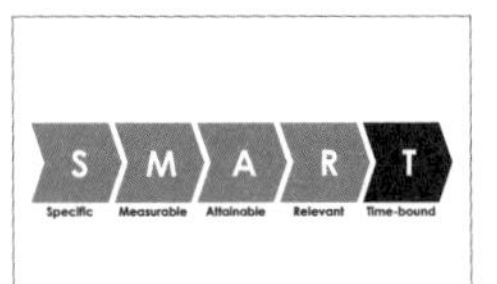

SMART

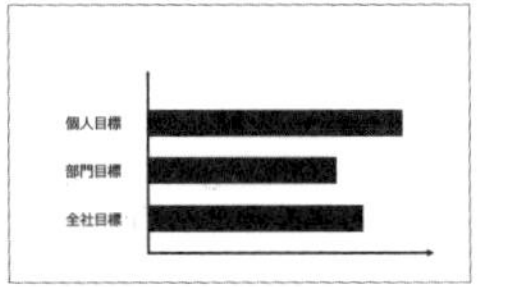

目標達成状況

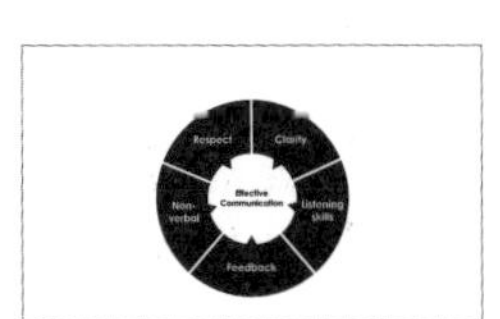

コミュニケーション

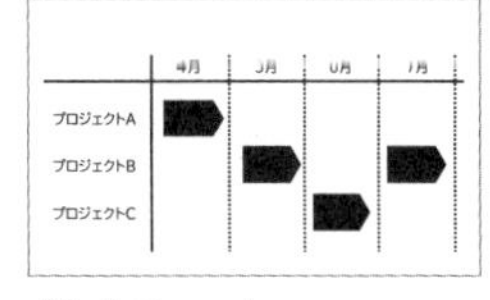

ガントチャート

7.オペレーション改善の提案会

このプレゼンの目的は「オペレーションの効率化や品質向上のための改善案を共有し、上長の承認を得る」ことにあります。課題と提案の関連性を明示し、提案の効果と実行可能性を具体的なデータで裏付けます。

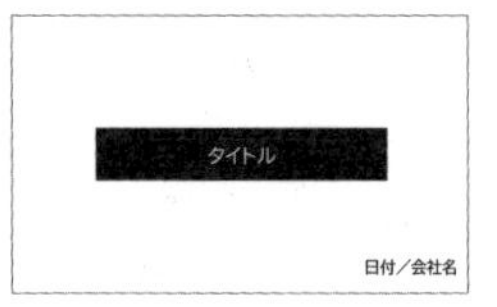

タイトル

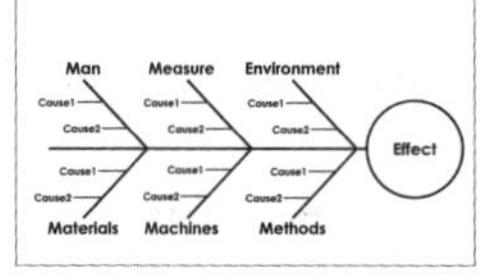

フィッシュボーン図

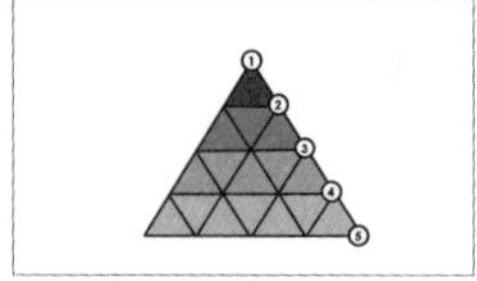
ゴールピラミッド

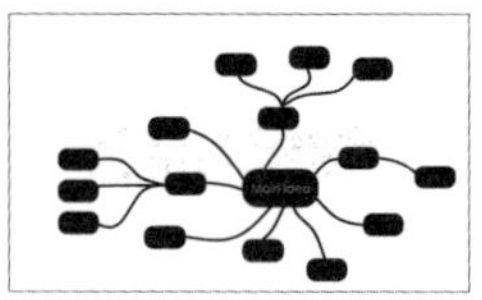
マインドマップ

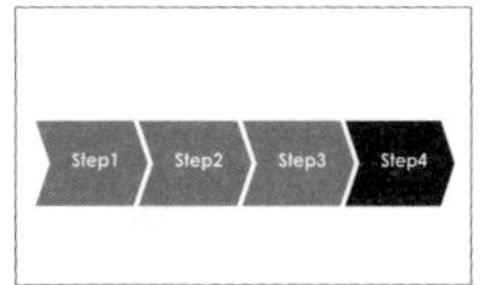

フローチャート

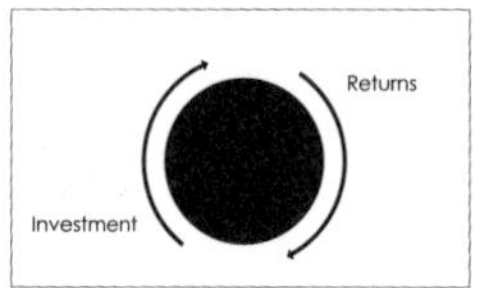

ROI

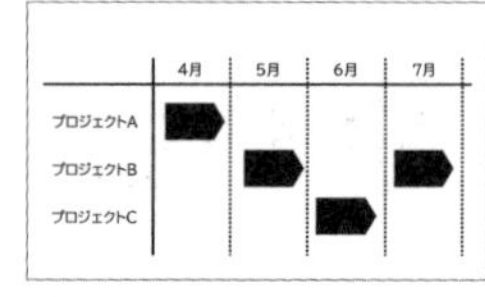

ガントチャート

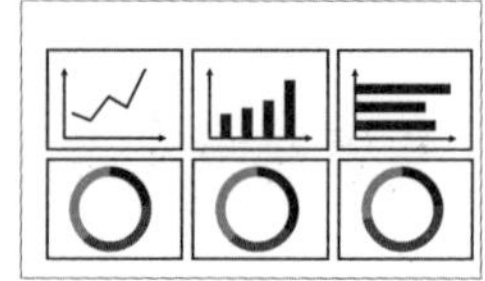
ダッシュボード

8.マーケティング戦略のプレゼンテーション

このプレゼンの目的は「マーケティングの方向性を示し、その実行に向けた理解と支持を得る」ことです。戦略がビジネス目標にどのように寄与するか、どのようなリターンを期待できるかを明確にしましょう。

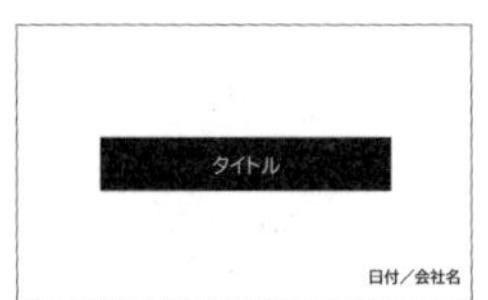

タイトル

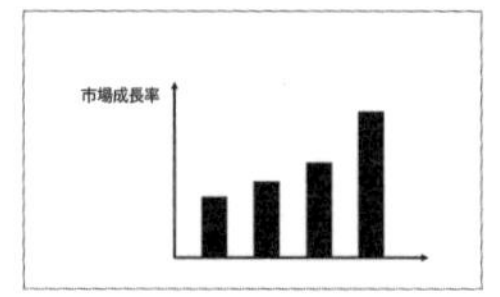

市場分析

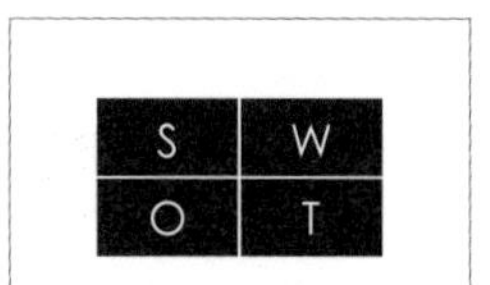

競合分析（SWOT）

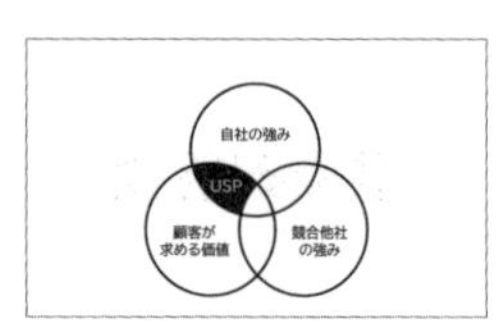

USP／コアバリュー

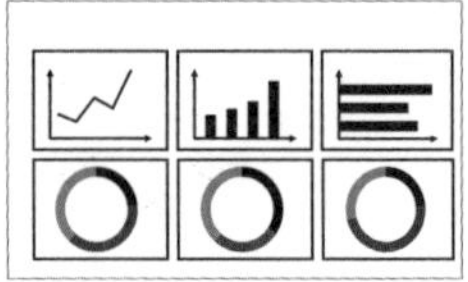
KPIダッシュボード

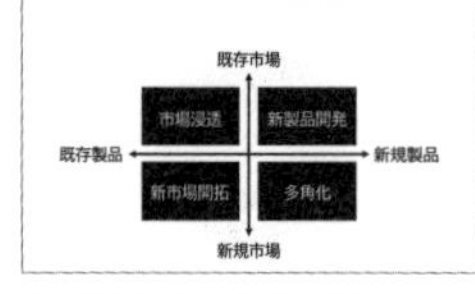

セグメントマトリクス

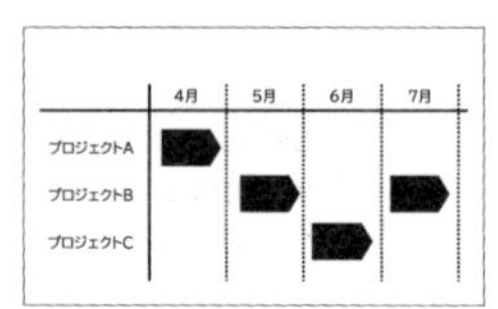

ガントチャート

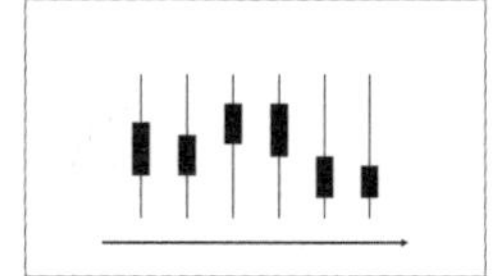
コントロールチャート

9.財務分析や予算編成の会議

投資家や経営陣に「適切な予算割り当てと資金管理の決定」を促すため、財務データを視覚的にわかりやすく提示し、予算の優先順位を明確にします。全体目標と各部門の目標をリンクさせることが重要。

タイトル

財務状況

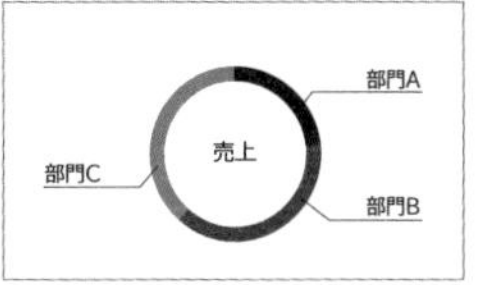

売上分析

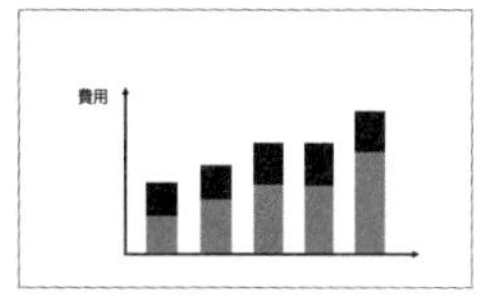

費用分析

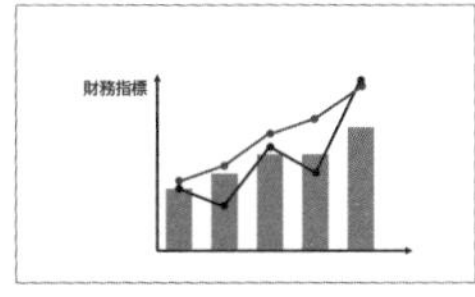

財務指標分析

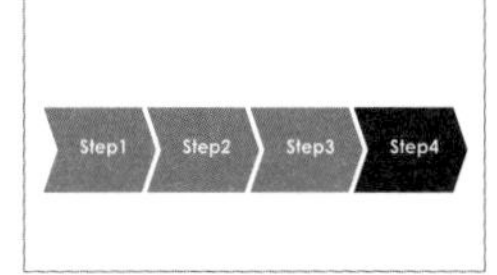

予算編成

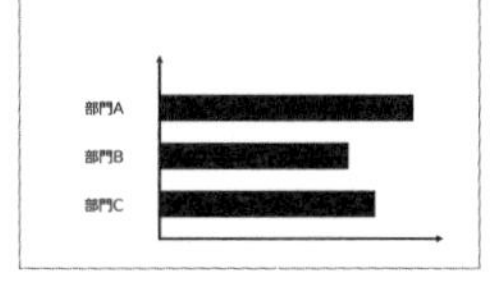

部門別予算案

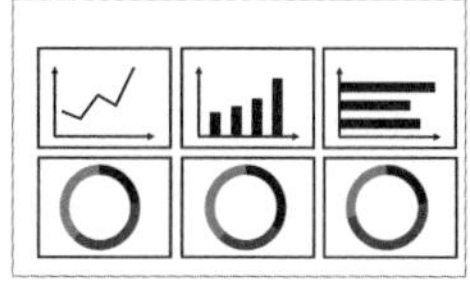
予算管理

10.社内外のコミュニケーションイベント

「イベントの目的とプログラムを明確にし、参加者の協力とエンゲージメントを得る」ために、イベントの目的と参加者が得られるメリットを強調し、視覚的にも魅力的で楽しげなスライドにしましょう。

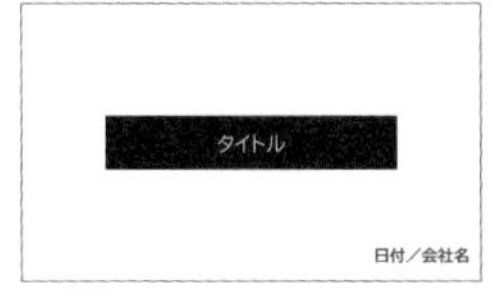

タイトル

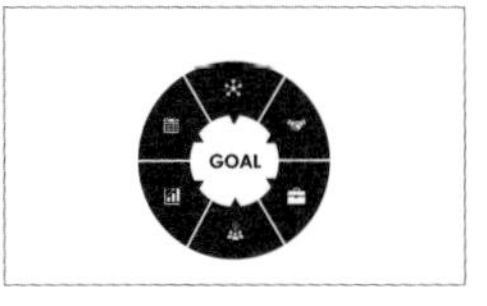

ゴールタイアグラム

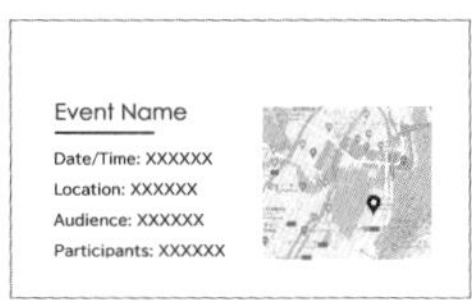

イベント概要

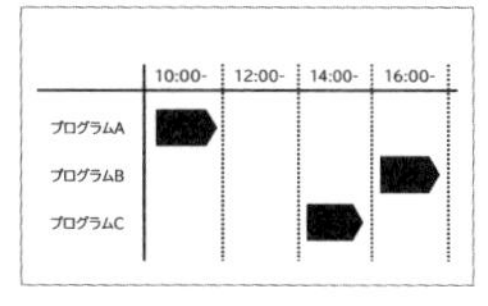

イベントスケジュール

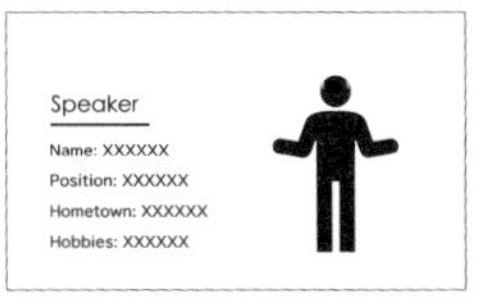

プロフィール

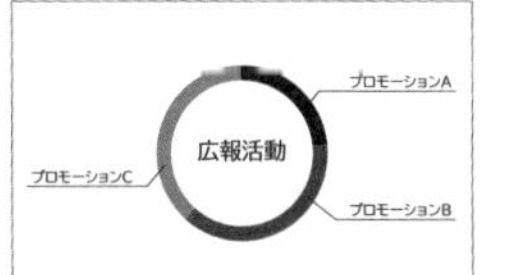

プロモーション戦略

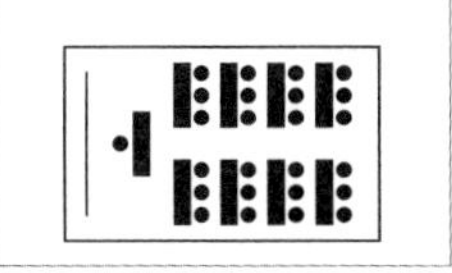
会議レイアウト

ワードクラウド

ビジネススライドで「超」使える図解テンプレート

巻末付録①で紹介したビジネススライドをベースに頻出する図解リストを作り、テンプレート化しました。どんなレイアウトを作るか迷ったときは、ぜひ活用してみてください！

汎用スライド

01.タイトル

タイトルは具体的で明確な表現を使用しましょう。タイトルづくりに悩む場合は、GPT-4にタイトル案を複数考えてもらい、その中から選んでもよいかもしれません。

02.会社概要

会社名	(株)○○○○
設立	○○年○○月○○日
資本金	○百万円

会社名、設立年月日、所在地、主要な商品やサービス、顧客、ビジョン、ミッション、実績などの他、主要なリーダーや組織構造を示すこともあります。

03.プロフィール

プレゼンターを紹介することで、親しみを持って話を聞いてもらいましょう。名前、所属、経歴、スキルなどの他、個人的な趣味やプライベートな姿についても語るとよいかもしれません。

04.サービス概要

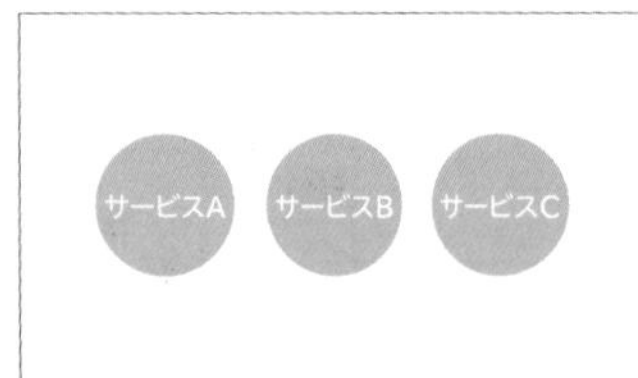

会社の事業内容や提供するサービスの要点をまとめ、その特徴、利点、対象などを紹介します。これにより聴衆が会社の事業やサービスの概要とその価値を理解しやすくなります。

05.ピクトグラム

ピクトグラムは記号またはアイコンなどのビジュアルで、特定の情報や概念を表現するために使われます。ピクトグラムを使えば、言葉よりも短時間で情報を伝えることができます。

06.地図

特定の地域や場所についての情報を視覚的に伝えるスライドです。目的に適した縮尺の地図を使い、目立たせたい場所がわかるように配色やマーカーを利用しましょう。

07.組織図

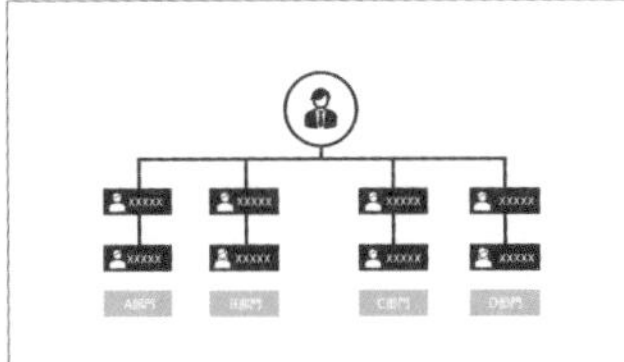

組織図を用いて組織の内部構造を示すことで、全体像が理解しやすくなります。また、部門・役職・メンバーの関係を明確にすることができます。

08.フローチャート

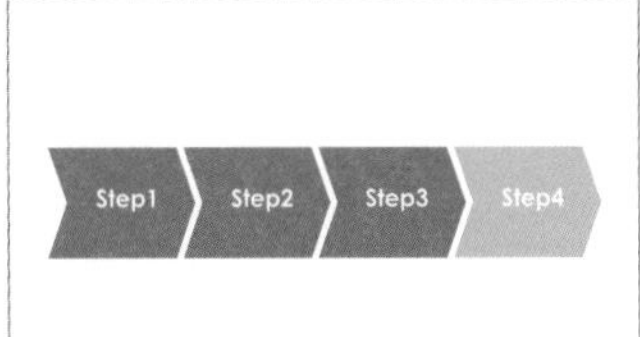

フローチャートにより、プロセスや手順を表現し、各ステップの内容と順序を説明することができます。色分けやアイコンを利用してわかりやすく表現しましょう。

09.マインドマップ

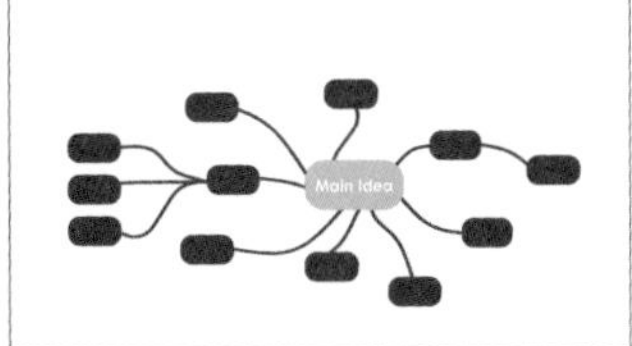

マインドマップとは、メインアイデアから枝分かれするように関連するアイデアをマッピングしたものです。この図解によりアイデアの生成や構造化、記憶の強化に役立てることができます。

汎用グラフ

10.ワードクラウド

ワードクラウドは出現頻度に応じて単語の大きさを変える表現です。重要な単語が目立つようにデザインして主要なトピックやトレンドを一目で理解できるようにしたものです。

11.円グラフ

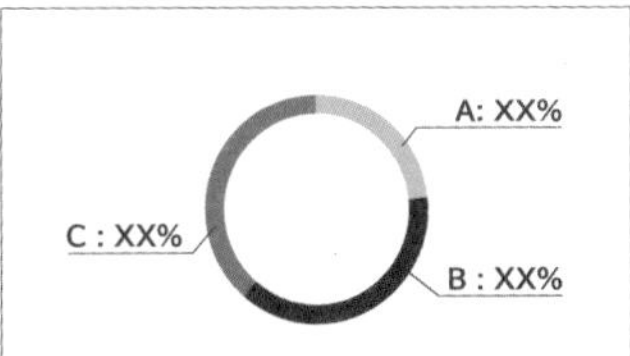

円グラフは各カテゴリが全体に占める割合を表現する場合に使われます。カテゴリ数が増えすぎないようにして、各部分に対応するパーセンテージや数値を正確に記載しましょう。

12.棒グラフ

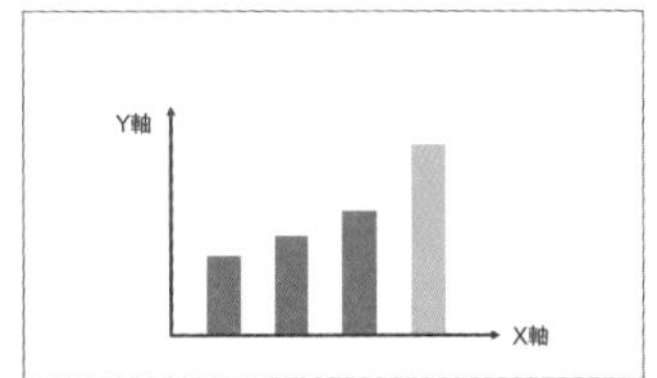

棒グラフはカテゴリごとの数値を示して異なるカテゴリ間の比較や変化を示します。明確にデータを表示して、色でポイントを目立たせることでわかりやすいグラフを作ります。

13.折れ線グラフ

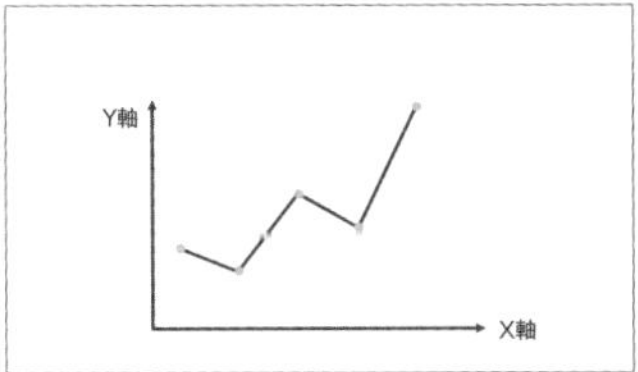

折れ線グラフは時間経過に伴う数値の変化を示す場合に使われます。時系列や数値を正確にグラフに表現することで、わかりやすいグラフを作りましょう。

14.横棒グラフ

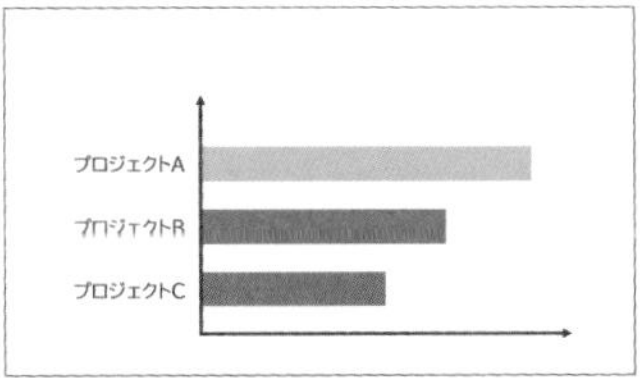

横棒グラフは、各カテゴリの数値を比較するために作成されます。カテゴリ名が長い場合や項目数が多い場合などには、棒グラフよりも横棒グラフを使用したほうが見やすくなります。

財務分析

15.ROI（投資利益率）

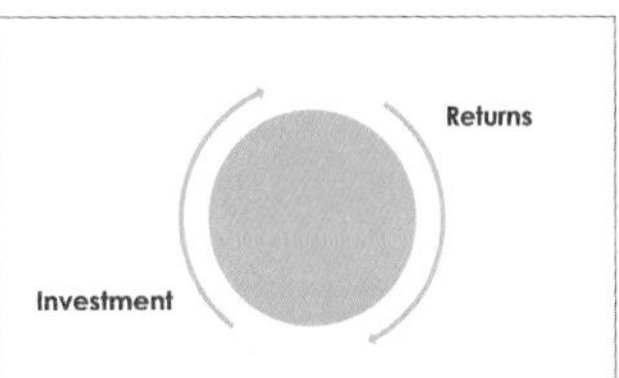

ROIで投資に対する収益の比率を示すことで、投資がどれだけの収益をもたらしたかを評価することができます。具体的な数値と計算方法を明確にして信頼性の高い図解にしましょう。

16.キャッシュフローグラフ

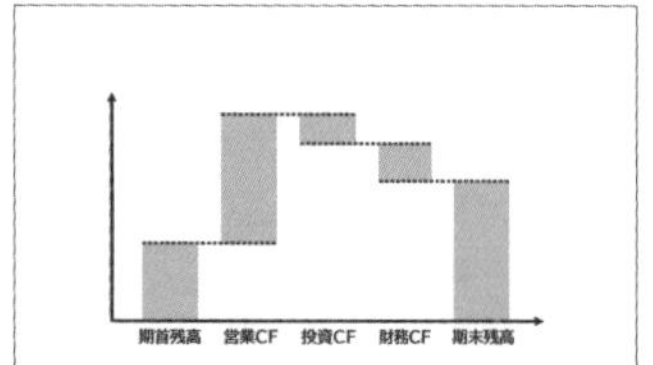

時間経過によるキャッシュフロー(CF)の変化を示すことで、企業の資金繰り状況を把握しやすくします。プラスのCFとマイナスのCFを明確に区別し、正確に表示しましょう。

17.コスト構造分析

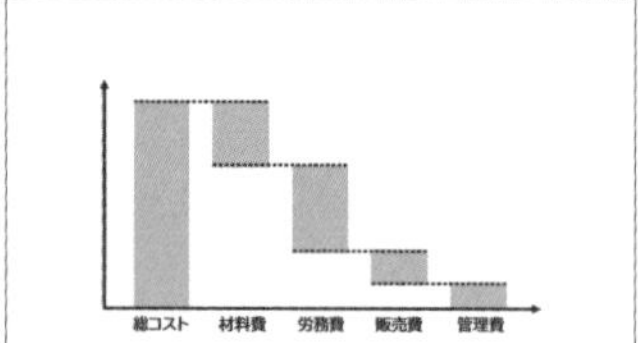

コストの内訳を理解することで、どこを削減できるか特定できます。各コスト項目を明確に定義し、円グラフや棒グラフなど見やすい形でコスト割合を表示しましょう。

プロセス改善

18.ダッシュボード

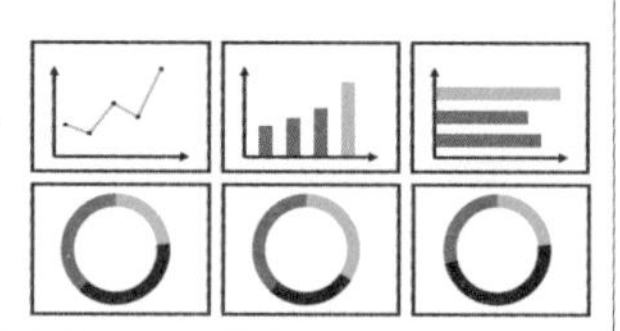

ダッシュボードにはグラフ、チャート、テーブルが含まれます。主要なパフォーマンス指標(KPI)をまとめて表示し、ビジネスの健全性とパフォーマンスを理解しやすくします。

19.コントロールチャート

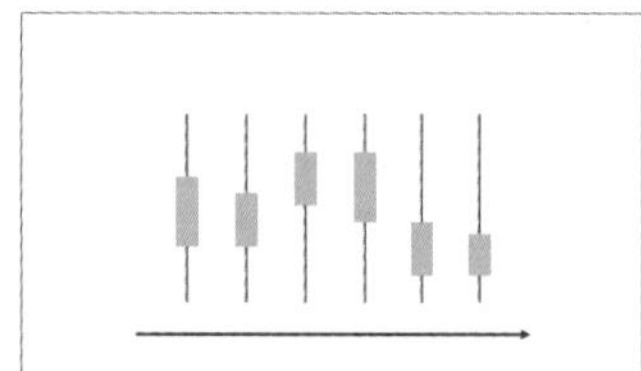

コントロールチャートは、プロセスの時系列変動を表示するグラフです。平均ラインとコントロールリミットの間に収まっていれば、プロセスがきちんと制御されていることを確認できます。

20.フィッシュボーン
(イシカワダイアグラム)

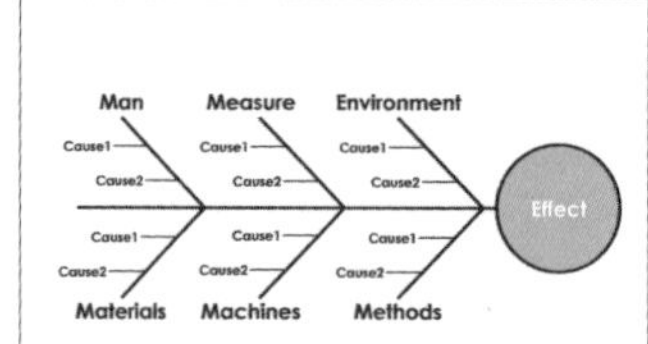

問題の原因と結果を分析するために、主要な問題(魚の頭)から発生する原因(骨)を図解化したものです。情報量が多くなりやすいので複雑な図にならないように注意して作成しましょう。

事業戦略

21.SWOT分析

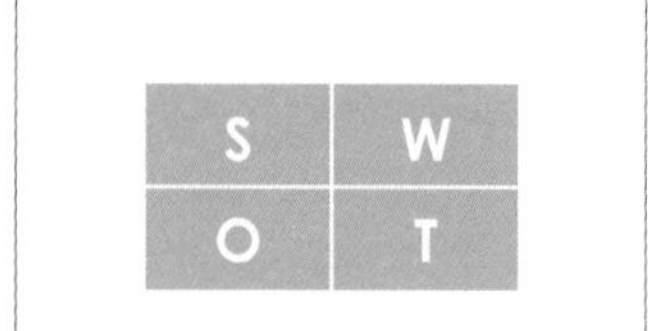

組織の強み(Strengths)、弱み(Weaknesses)、機会(Opportunities)、脅威(Threats)を分析することで、組織の現状を理解し、将来の戦略を立てるためによく利用される分析図です

22.USP (Unique Selling Proposition)

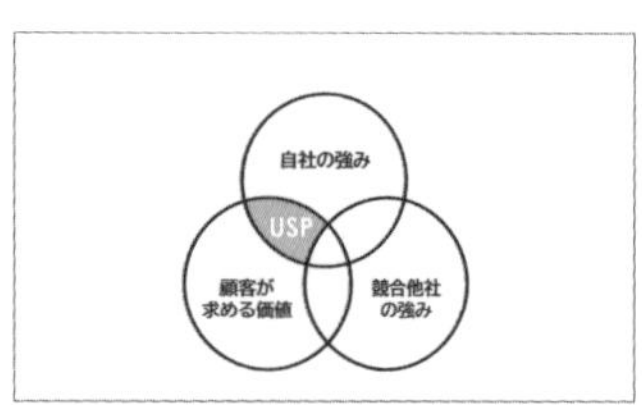

自社の商品やサービスの強みを競合他社と比較し、自社だけの強みのうち顧客が価値を感じる部分をUSPとして強調することで、消費者が価値を理解しやすくなります。

23.4P分析
(Product, Price, Place, Promotion)

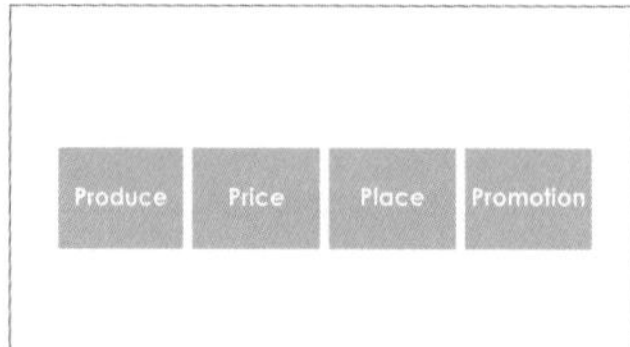

4Pとは、企業が商品やサービスを販売するために使用されるマーケティング戦略の組み合わせをいいます。4Pを分析して改善が必要な領域を特定し、バランスのよい戦略を目指しましょう。

24.BCG (The Boston Consulting Group) マトリクス

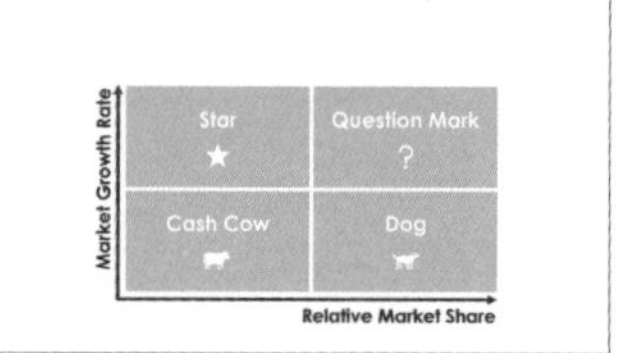

BCGマトリクスは、市場成長率と市場占有率を用いてマーケットチャネルへの投資を評価するもので、投資の優先順位を決定し、企業の長期的な戦略を計画するために使われます。

25.GEマトリクス

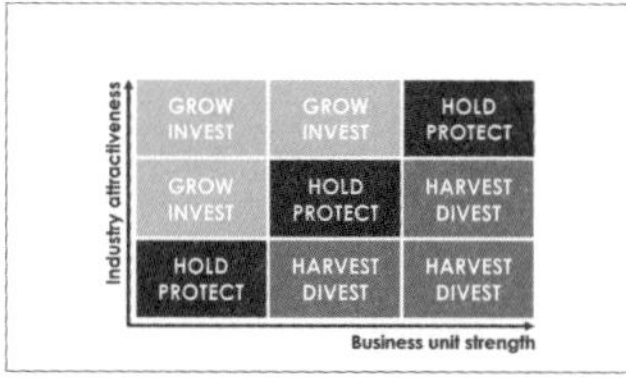

ゼネラルエレクトリック（GE）社が、マッキンゼーと共同開発したGEマトリクスは、業界の魅力とビジネスユニットの競争力で事業を分類し、投資の優先順位を決定するために使われます。

26.レーダーチャート

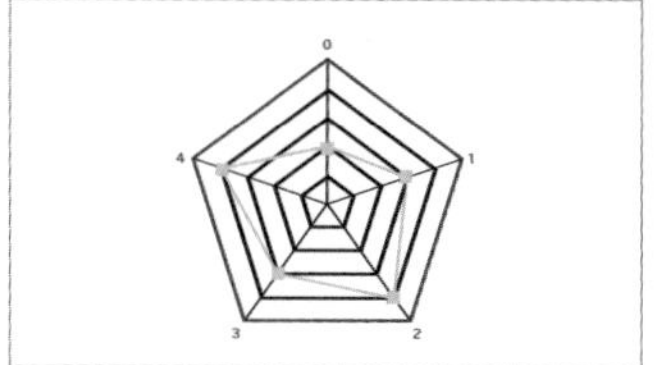

レーダーチャートは蜘蛛の巣グラフとも呼ばれ、複数の変数を多角形のグラフで表します。製品やサービス、チームなどの複数のパフォーマンス指数を比較する際などに用いられます。

27.アンゾフマトリクス

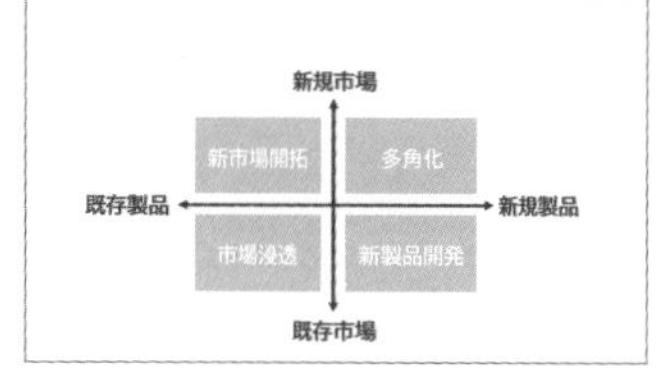

アンゾフマトリクスは事業拡大マトリクスとも呼ばれます。事業を「市場（新規・既存）」と「製品（新規・既存）」で4分類して分析し、企業の成長戦略を策定するために利用されます。

プロジェクト管理

28.ガントチャート

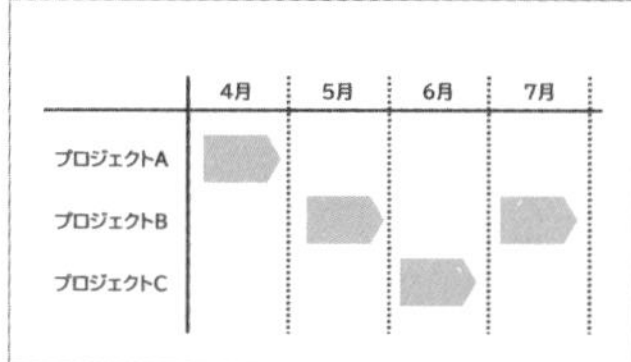

ガントチャートは、プロジェクトのタスク・期間・関係を時間軸に沿って示したものです。これにより、プロジェクトの進捗・スケジュールの管理・リソースの割当てなどを視覚化できます。

29.アクションプラン

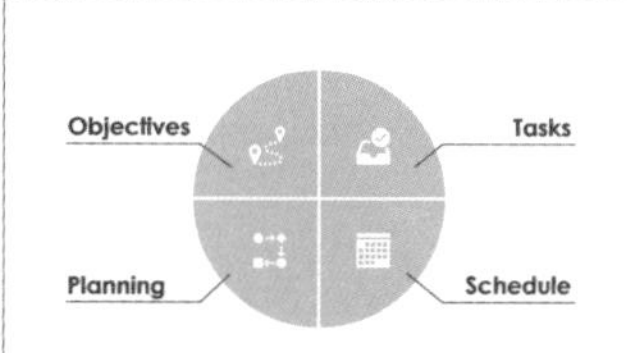

目標に向けた手順やタスク、完了予定の期日、必要なリソースなどをアクションプランの形で明示することで、チームが目標を達成するための道筋を明確に表せます。

30.ロードマップ

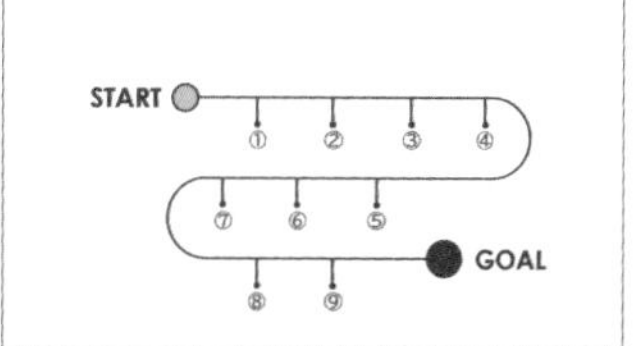

プロジェクトの進行を時間軸に沿って表現することで全体像がわかりやすくなり、関係者に目標やマイルストーン、スケジュールなどを理解してもらうことができます。

31.タイムライン

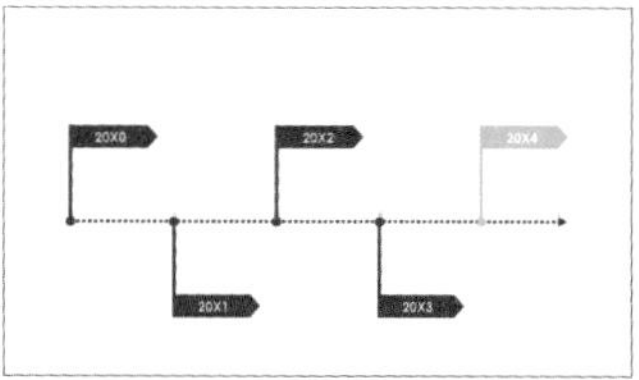

タイムラインは、プロジェクトの重要なイベントを時間の流れに沿って示すものです。日付、マイルストーン、進行中のタスク、などを含めて進行状況を表しましょう。

32.チェックリスト

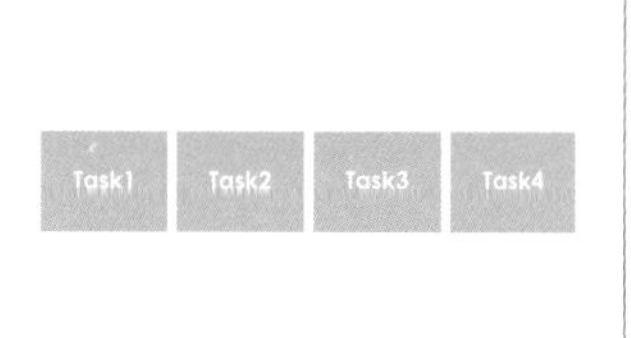

チェックリストにより、タスク完了に必要な手順を明確にすることができます。重要項目を網羅的に記載し、アイコンやチェックボックスなどを用いて、使いやすいリストを作りましょう。

財務分析

33.タスクリスト

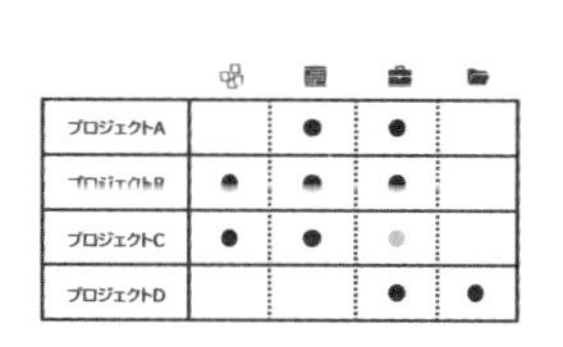

タスクリストで、作業の進捗を管理することができます。タスクは具体的に設定し、優先順位や期限と責任者を明確にすることで効果的なリストを作ることができます。

目標達成

34.SMART

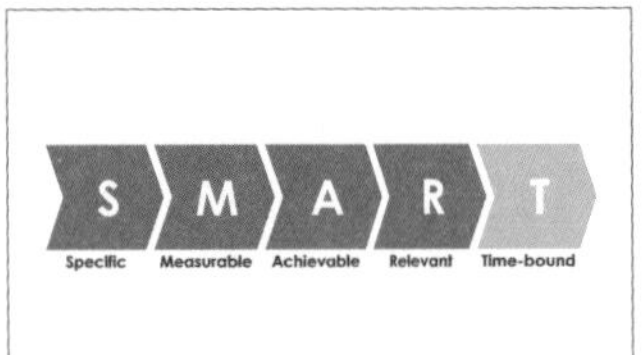

Specific（具体的）、Measurable（測定可能）、Achievable（達成可能）、Relevant（関連性）、Time-bound（時間制限）を満たすことで、効果的な目標を設定することができます。

35.ゲージチャート

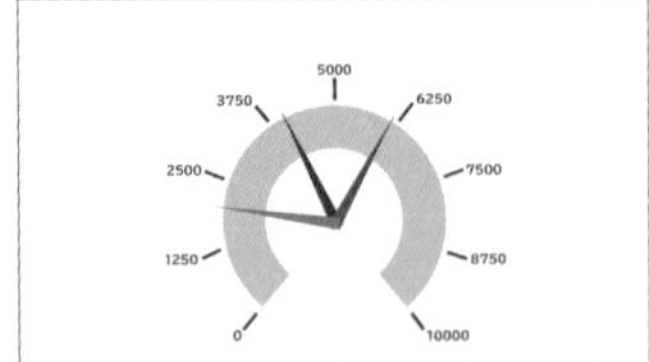

ゲージチャートにより、目標値に対するキー指標の達成度を示すことができます。ゲージの最大値に目標値を設定し、針が指標の現在値をわかりやすく示すように作りましょう。

36.リスクマトリクス

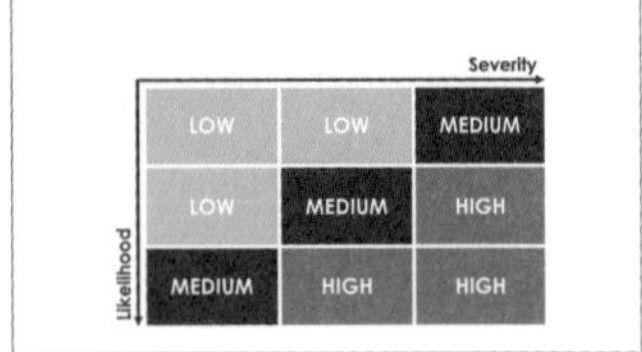

リスクマトリクスは、異なるリスク要素をその影響と発生確率に基づいて評価し、マッピングしたものです。これにより、優先順位に応じたリスク管理戦略を策定することができます。

37.ゴールダイアグラム

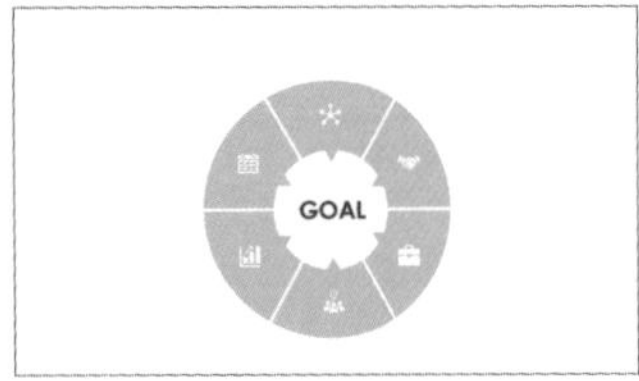

特定のゴールを達成するために必要なアクションを分解して表現します。これにより、戦略の関連性を明確にし、実行する順番を決定できます。

38.ゴールピラミッド

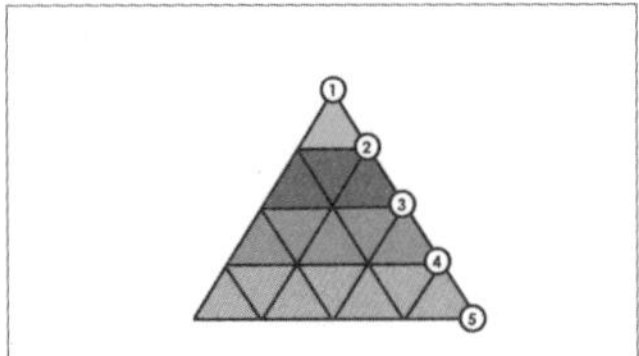

長期的なビジョンから具体的なアクションまでのステップを階層化してピラミッドで表現するものです。組織や個人の目標を明確にし、目標達成のステップをビジュアル化できます。

39.ツリーマップ

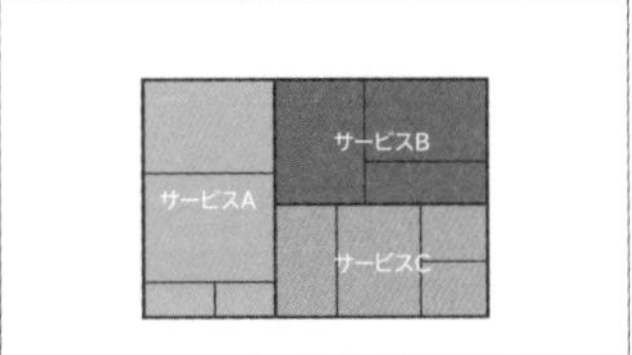

ツリーマップは、階層構造のデータを四角形の面積と色の組み合わせにより表現したグラフです。これにより、大量のデータの複雑な階層構造と大きさを視覚的に伝えることができます。

40.優先度マトリクス

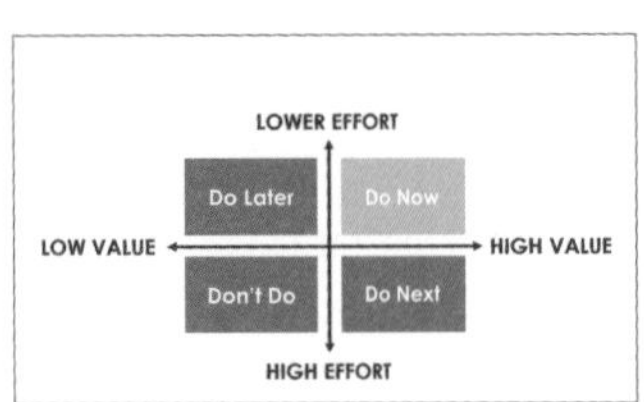

優先度マトリクスは、問題に対する解決策などを費用対効果に基づいて評価するものです。これにより、問題解決のための戦略やアクションの優先順位を決定できます。

著者プロフィール

白木久弥子（しらきくみこ）

早稲田大学卒業後、公認会計士・税理士として有限責任監査法人トーマツ、EY 新日本有限責任監査法人で国際監査業務に携わる。地元高知県の企業（近森産業／食品製造）を二次創業。2020年から「日本中のプレゼンをセンス良くしたい」というコンセプトのもとでパワポ情報の発信を始め、プレゼンクリエイターとしても活動。2022年シンガポールにデザイン経営の会社「BLOCKDESIGN」を設立し、Twitterのフォロワー数は70,000人を超える。

Twitter：@kumiko_shiraki
Note：https://note.com/kumiko_shiraki

ヒト×AIでつくる未来のプレゼン

ChatGPTといっしょに、パワポスライドを「超時短」で仕上げてみた。

2023年9月1日　初版第1刷発行

［著者］　白木久弥子
［発行人］　山口康夫
［発行］　株式会社エムディエヌコーポレーション
〒101-0051　東京都千代田区神田神保町一丁目105番地
https://books.MdN.co.jp/
［発売］　株式会社インプレス
〒101-0051　東京都千代田区神田神保町一丁目105番地

［印刷・製本］　中央精版印刷株式会社

Printed in Japan

定価はカバーに表示してあります。

【カスタマーセンター】
造本には万全を期しておりますが、万一、落丁・乱丁などがございましたら、送料小社負担にてお取り替えいたします。お手数ですが、カスタマーセンターまでご返送ください。

落丁・乱丁本などのご返送先　〒101-0051　東京都千代田区神田神保町一丁目105番地
株式会社エムディエヌコーポレーション カスタマーセンター
TEL：03-4334-2915

書店・販売店のご注文受付　株式会社インプレス　受注センター
TEL：048-449-8040／FAX：048-449-8041

内容に関するお問い合わせ先
株式会社エムディエヌコーポレーション カスタマーセンター メール窓口
info@MdN.co.jp
本書の内容に関するご質問は、Eメールのみの受付となります。メールの件名は「ヒト×AIでつくる未来のプレゼン　質問係」、本文にはお使いのマシン環境（OSの種類・バージョン、ChatGPTやPowerPointのバージョンなど）をお書き添えください。電話やFAX、郵便でのご質問にはお答えできません。ご質問の内容によりましては、しばらくお時間をいただく場合がございます。また、本書の範囲を超えるご質問に関しましてはお答えいたしかねますので、あらかじめご了承ください。

ISBN978-4-295-20555-5　C0034

制作スタッフ

［カバーデザイン］　山之口 正和（OKIKATA）
［本文デザイン］　赤松 由香里（MdN Design）
［DTP］　クニメディア株式会社
［校正］　株式会社トップスタジオ

［編集長］　後藤憲司
［担当編集］　熊谷千春